中华爱国人物故事

ZHONGHUA AIGUO RENWU GUSHI

民族英雄张自忠
Defensa heróe Zhang Zizhong
1891—1940

驰骋沙场的抗日名将张自忠

吴虹贤　邵丽坤　编著

吉林人民出版社

图书在版编目(CIP)数据

驰骋沙场的抗日名将张自忠 / 吴虹贤, 邵丽坤编著
. -- 长春：吉林人民出版社, 2011.4
(中华爱国人物故事)
ISBN 978-7-206-07843-9

Ⅰ.①驰… Ⅱ.①吴… ②邵… Ⅲ.①张自忠(
1891～1940) - 生平事迹 Ⅳ.①K825.2

中国版本图书馆CIP数据核字(2011)第075752号

驰骋沙场的抗日名将张自忠
CHICHENG SHACHANG DE KANGRI MINGJIANG ZHANG ZIZHONG

编　著：吴虹贤　邵丽坤
责任编辑：郝晨宇　　　　　　封面设计：七　洱
吉林人民出版社出版 发行(长春市人民大街7548号　邮政编码:130022)
印　刷：鸿鹄(唐山)印务有限公司
开　本：670mm×950mm　　　1/16
印　张：8　　　　　　　字　数:70千字
标准书号：ISBN 978-7-206-07843-9
版　次：2011年4月第1版　　　印　次:2023年6月第4次印刷
定　价：35.00元

总　序

胡维革

　　《中华爱国人物故事》是一套故事丛书。它汇集了我国历史上80位古圣先贤、民族英雄、志士仁人、革命领袖、先进模范人物的生动感人史迹，表现了作为中华民族优秀传统的伟大的爱国主义精神。

　　爱国主义是人们对于"生于斯、长于斯、衣食于斯"的祖国的一种神圣感情，是人们对于自己民族的一种强烈的责任感和使命感，是感召和激励整个中华民族的一面永不褪色的旗帜。在漫长的历史上，爱国主义一直激励着中华儿女为祖国的独立、统一、进步和繁荣而英勇奋斗。从伟大的思想家教育家孔子到统一全国的千古一帝秦始皇，从秉笔直书著《史记》的司马

迁到鞠躬尽瘁死而后已的诸葛亮,从伟大的浪漫主义诗人李白到精忠报国的民族英雄岳飞,从七下西洋传播友谊的郑和到抗击倭寇的民族英雄戚继光,从苟利国家生死以的林则徐到为变法流血的第一人谭嗣同,从威震敌胆的抗联将军杨靖宇到人民音乐家聂耳与冼星海,从踏遍青山人未老的李四光到万婴之母林巧稚,从县委书记的好榜样焦裕禄到情系雪域献身高原的孔繁森……都表现出了强烈的爱国主义精神。正是由于热爱祖国的人们前仆后继地奋斗,国家和民族才得以生存,历经一次次历史危急关头而能转危为安,走向兴盛和富强,从而屹立于世界民族之林。爱国主义是鼓舞中华儿女历经忧患、跨越沧桑、百折不挠、自强不息的伟大力量,它贯穿于中华民族的整个历史,并有力地凝聚着五洲四海的中国人。

　　爱国主义是一个历史的范畴，在社会发展的不同阶段、不同时期有着不同的具体内容。革命时期，需要我们为祖国的独立自主出生入死；建设时期，需要我们为祖国的繁荣富强增砖添瓦；在全国各族人民团结一心建设富强、民主、文明、和谐的社会主义现代化国家的今天，我们要争做一名新时期的爱国者。新时期的爱国者要有强烈的民族自尊心和自豪感。民族自尊心和自豪感是任何时期任何爱国者都必须具备的情感。民族自尊心能增强我们自立向上的恒心，民族自豪感能树立我们建设祖国的信心。要树立"祖国高于一切"的崇高信念，为了祖国和人民的利益不惜抛却个人的利益，甚至不惜牺牲个人的生命。要树立终身学习的理念，拓

宽自己的知识面,广泛吸收新知识新技术,完善自身的知识结构,更新学习知识的方法与理念,从思想上、知识上充分武装自己,为祖国的繁荣昌盛贡献力量。

爱国主义思想的继承和发扬,是关系到民族盛衰、国家兴亡的根本问题。一代代人爱国主义思想情操的形成,需要不断地培养。培养爱国主义的一个重要途径是向爱国主义的英雄人物和典范事迹学习。这套丛书的出版,对于人们向英雄和先进人物学习,特别是对于在中小学生中进行爱国主义教育,将可提供一些生动的教材。祝愿此书出版发行成功,为培养"四有"新人做出贡献。

于 2011 年 4 月 23 日

世界读书日

中华爱国人物故事

编 委 会

目 录
CONTENTS

目 录。
CONTENTS

自忠 荩忱

张自忠，字荩忱，1891年8月11日出生在山东临清唐元村的一个官宦家庭。

临清，位于山东省的西北部，地处冀、鲁、豫三省接壤地带，京杭运河与京九铁路古今两大文明在此交汇。是山东西进，河北、山西东出的重要门户，古时就有"京师门户，南北要冲"的美誉。

自古山东人就有忠义之名，临清亦不例外。史称，这一带的人民"性强悍，负义气，遇事敢为"。明朝年间就有多次为反抗暴政而发动的起义，虽然最后都被朝廷派大军镇压，但是这些事件也反映了临清人民强悍的民风和近乎悲壮的性格，张自忠在这样的环境下自然会潜移默化地受到一些影响。

19世纪的中国正处于内忧外患之中，外国列强瓜分中国的狂潮一浪高过一浪，清政府在中日甲午战争中一

张自忠

败涂地。戊戌变法以戊戌六君子的杀身成仁而告失败，1900年，山东人民率先掀起了"扶清灭洋"的义和团运动。但也在清政府和八国联军的联合镇压之下失败了。张自忠就是在这样一个黑暗时代下度过了他的少年时代。其父张树桂为儿子取名自忠，取字荩臣，这个词出自《诗经·大雅》这部经典中有"王之荩臣，无念尔祖"的句子，"荩臣"在此解释为"忠诚之臣"。名、字的意蕴都是"忠"，这个名字不但是对儿子的殷切期望，也是受到了孔孟之道的影响。只是作为父亲的张树桂没有想到，他的儿子将"忠""荩"二字的内涵发挥到了极致。1916年张自忠参军加入第十六混成旅。旅长冯玉祥思想

进步，反对带有封建色彩的名字，"臣"字自然为他所忌，遂以"忱"字取代，这样"荩臣"就改成了"荩忱"。

多年以后，在接受《大公报》记者王淮冰、国新社记者高咏的采访时，曾专门就自己的名字做过一番阐释。他说："'荩忱'即忠臣，如今民国，没有皇帝，我们当兵的，就要精忠报国，竭尽微忱，故名'荩忱'。"接着，他又神色凝重地说："华北沦陷，我以负罪之身，转战各地，每战必身先士卒，但求以死报国。记者先生，西北军出了个韩复榘，我张自忠绝不是韩复榘，他日流血沙场，马革裹尸，你们始知我取字'荩忱'之意。"

慷慨少年人

张自忠6岁入私塾就读，但他最喜欢的还是带领小孩子们玩打仗的游戏。念书之余，村里的小孩子们在他的指挥下分成两阵，彼此对打。玩完了，他就把身上带的东西和钱分给大家，作为犒赏。若有谁不守规矩，不听指挥，他就发脾气，瞪着乌亮的眼睛厉声斥骂，不留情面。小伙伴们又怕他，又喜欢他，都愿意跟着他玩。3年后，父亲张树桂前往江苏赣榆就任巡检，把张自忠也带了去。1905年，张树桂因政绩不错，署理赣榆知县，官晋五品。张自忠此时已经14岁了，是一个英姿勃发且充满正义感的少年。一天，他出门四处转悠，见一个无赖在欺侮两个卖菜的老头。他二话没说，冲过去对准无赖就是一拳，俩人便扭打起来。自忠虽年少，却身高力大，那无赖见不敌对手只得服输，给老者认了错，张自忠这才放过了他。张树桂见儿子长大了，又生性刚烈，就把他送回了临清老家。回到临清以后，张自忠继续在私塾里读书。他仍旧很调皮，不怎么安心学习。这时，他玩耍的花样更多了，先学骑驴，以后又学会了骑马，时常跟随青年们出去打猎。他从这种勇敢、冒险的游戏中找到了乐趣，有时一连几天不回家。可没多久，赣榆传来了噩耗：父亲因病卒于任上。

张自忠的父亲病故后，母亲冯氏就成了一家之主。冯氏虽没有读过书，但为人通达，处事干练，治家教子都颇有章法，很受子女尊敬。每逢冬春之交，青黄不接，冯夫人心地善良，总是接济贫穷的乡亲，深得乡民爱戴。由于父亲早逝，实际上张自忠的成长受到母亲的影响更大一些。母亲的乐善好施影响了他，从小张自忠就待人慷慨，同情穷人，视钱财为身外之物。据乡人回忆，他两三岁的时候，母亲总在他的胸前系一个小兜兜，在里面装些花生糖果之类的吃食。张自忠一看到小伙伴，就大把地抓花生糖果给他们吃，直到分光吃净为止。那时在乡下，馒头是上等食物，只有富裕家庭才能吃得上。看到穷乡亲吃糠窝头，他不忍心，便跑回家拿馒头跟人家换。为顾全对方的自尊，他还一再说自己爱吃窝头，从不摆出一副施舍的样子。有时与伙伴们赌钱玩，他常赢，但赢来的钱他却不要。遇到街上卖桃的，他常常把整筐都包下来，让大伙吃光分净，然后从家里拿几吊铜钱付上。在济南读法政专科时，他用许多钱来帮助贫困同学，连衣服都借给人家穿。后来在军队里当了排长、连长，人家都是往家里寄钱，他反倒跟家里要，钱都用来帮助部属解决困难了。

张自忠自小就不太爱讲话，但好打抱不平，爱结交朋友。回家后，他开始读私塾。他平时话虽不多，却很调皮。塾里有一个远房本家兄弟叫张自遂，憨头憨脑的，张自忠喜欢与他玩闹。一次老先生叫背书，同学们都背过了，唯独自遂不行，傻乎乎地站着。趁老先生不注意，他用笔筒把烟灰吹到自遂的鼻孔里，呛得人家猛打喷嚏，老先生气得过来打他板子，自己则在一旁偷偷地笑，很是调皮。

1907年，16岁的张自忠由母亲做主，与临清县咨议局议员李化南之女、17岁的李敏慧结了婚。结婚以后，张自忠渐渐变得成熟起来，增加了对家庭的责任感，读书也开始用心了。平时张自忠也会借回一些传统小说阅读，其中关云长、岳武穆和秦叔宝的忠义侠行和浩然之气令他心驰神往，由衷敬慕。从小受父亲的影响和家乡孔孟之道的熏陶，忠、孝、仁、义等道德思想在张自忠内心深深扎下了根。

投笔从戎

1910年夏，张自忠从高等小学堂毕业。1911年，张自忠去天津上法政学堂。次年又转到济南法政专科学校就读。1911年10月，武昌起义的革命浪潮激荡全国。三民主义学说和"驱除鞑虏，恢复中华，建立民国，平均地权"的资产阶级革命政纲被张自忠接受和认可，在1911年底，张自忠秘密加入了同盟会，然而，辛亥革命很快被袁世凯镇压，山东的独立也被取消。袁世凯不单篡夺了辛亥革命的果实，而且还指派亲信入山东捕杀同盟会员，革命党人在山东掀起的革命浪潮被彻底平息了。敌人的残酷无情和革命党人的软弱无力让张自忠意识到必须拥有强大的武力才有取胜的希望。张自忠毅然决定投笔从戎，选择从军的道路，投笔从戎的决定成为张自忠一生成功的起点。而他在学生时代所接触的知识也使张自忠在以后的治军之路上收益良多。但是，回家与母

袁世凯

亲商议从军的想法，母亲却坚决不同意。他又找亲戚来帮忙说情，并扬言不让走就偷偷跑，反正要当兵。最后家人见他主意已定，只得同意了。在当时，穷人子弟才"当兵吃粮"；富裕人家的子弟多从政、从商，或从事教育，很少有当兵的。可他为什么一定要当兵呢？

　　也许是出于救国救民的思想。1912年，张自忠在天津加入同盟会就说明他在这方面是有所觉悟的。而且，他自幼抱有好男不吃家里饭，应当舍生忘死地出去闯天下的观念。另外，选择从军的道路，也与他对自身的正确认识有关。张自忠身体强壮，性格刚毅，做事利落，行为果断，各方面的素质更适于当兵，而不是做书生。投笔从戎，应该是其主动的选择，历史证明，这是正确的选择。

不畏大苦成大器

1914年夏末，张自忠和几个同乡结伴投奔在第二十师第八十七团任团长的临清同乡车震。车震的家馆先生刘冠千也是临清同乡，到了新民府以后，刘先生即把他们介绍给车震，车团长安排他们当了副兵。从此，张自

张自忠

忠开始了戎马生涯。

军营生活十分艰苦，除训练之外，还有繁重的体力劳动，伙食又很差。与他同去的几个伙伴不堪其苦，都陆陆续续回了老家，只有张自忠不改初衷，坚持了下来。他给家里写信，介绍军营的情况，但自己所受的苦从不让家人知道。在致七弟自明的一封信中，他述说了从军几个月来艰辛备尝的情形：

> 兄自济南到新民屯业经数月，所有军中一切情形，均已尝着。同来者六人，因吃不下苦头，均已回乡，惟兄一人硬着头皮干下去。当兄来新之始，车公几次劝兄回家求学，言外膏

车 震

梁子弟，如何能吃此苦，勉强一时，决不能坚持到底，故不如早去为善也。塞外奇寒，值此严冬，每日下操，手足皮肤均已冻僵，操毕回营，须先立户外，稍缓须臾方可入室；否则冷热相激，骨节溶化，手指耳鼻即脱落矣。除下操外，扛米抬炭、掘壕堆土，终日工作，休息时间甚少。以故肩肿肤裂，筋骨酸痛，其苦况实有不堪言状者。当兄创重时，肩臂肿溃，不能荷物，同棚中好友，代兄工作，以兄替其写家信也。家中一切请弟代劳，并请禀告母亲，待我有成就后，再回家叩见，祝母亲玉体金安！

在张自忠的信念里，当兵就要吃苦，吃得苦中苦，方为人上人，这是千古颠仆不变的真理。

车震的部队后来由奉天移驻绥远丰镇。1916年，车震升任暂编第一师师长兼长沙岳阳镇守使，部队开到湖南，几千里路全是步行，其艰辛是可以想见的。这时张自忠任师部参谋。部队开抵长沙后不久，发生了一个大变化：赵恒惕率部进攻长沙，车震战败，部队溃散。车震本人解甲归田，回了临清。张自忠身无分文，流浪着往家走，幸好在汉口遇到一个好心的同乡，送给他一身便衣和一笔盘缠，这才回到了家。

投奔冯玉祥

　　张自忠并不气馁，还是一心想出去闯天下。车震也觉得他是个人才，埋没在乡下实在可惜。不久，车震去天津特地把张自忠也带上，途经廊坊时把他介绍给了第十六混成旅旅长冯玉祥。冯玉祥见张自忠长得高大英武，且颇有"沉毅之气"，很是满意，委任张自忠为见习官。这实际上是张自忠从军的真正开始，也是他一生中的一个重要转折点。冯玉祥先生是位善于治军的将领，他的兵，大多体格健壮，能吃苦耐劳，而

冯玉祥

在练兵过程中，注重军事知识和军事技术的培养，造就了一批能征善战的青年军官。因此第十六混成旅是当时北方有名的劲旅。在冯先生的队伍里，因为张自忠埋头苦干，加上又有文化修养，所以很快崭露头角。对于一个有抱负的人来说，最重要的不是站在什么位置上，而是他是否找到了正确的奋斗方向。冯玉祥的十六混成旅使张自忠真正得到了施展才华的用武之地和实现理想的奋斗舞台。

为了增强军队的军事技能，冯玉祥设立了军官教导团，主要教授军官们战术、率兵术、地形、兵器、兵史、筑城、简易测绘及典、范、令等。张自忠由见习官升任排长后不久，就被派进入教导团军官队深造。张自忠对军事学习产生了极为浓厚的兴趣，每次考试都名列第一。教导团团长鹿钟麟将他树为"标准学员"，冯玉祥也夸奖说："在教导团中，他非常勤学，对人处世都极其真诚友爱，又能刻苦耐劳，这时便显出他未来一定是个将才。"

鹿钟麟

学习期满，张自忠升任学兵队第二连连长。队长冯治安待人诙谐风趣，与张自忠的刚毅寡言恰好形成对照，二人刚柔相济，配合默契。很快张自忠的带兵天赋就显露出来。就任连长三个月后，他的第二连便在全旅各连军事考核中夺得第一，成为十六混成旅的"模范连"。模范连是冯玉祥治军的样板，张自忠得此殊荣，干得更加起劲了。全连126名士兵，在张自忠训练下，仅军长、师长就出了十个，旅长、团长就更多了。接下来的几次连升，证明了一切：

1921年，张自忠升任冯玉祥卫队团第三营营长。

1924年春，张自忠被冯玉祥任命为学兵团团长。

1925年，升任第十五旅旅长。

1927年4月，被委任为第二十八师师长兼潼关警备司令。

1928年，兼第二集团军军官学校校长和开封戒严司令。

1929年，调任第十一军第二十二师师长；同年冬，原二十五师改编为第六师，任师长，后参加中原大战。1931年九一八事变后，西北军余部改编为国民政府陆军第二十九军，任该军三十八师师长兼张家口警备司令。

治军有方

张自忠以带兵严格著称，训练中特别强调"夏练三伏，冬练三九"。

夏日三伏天，早晚两次下操共计4个小时，要衣帽整齐，外穿军衣，内穿白裤褂，扎皮带。连、排长带有防暑药，备中暑者服用。为的是锻炼部队在高温情况下也能打仗。他除注重射击、刺杀、投弹等基本军事科目的训练外，还很注意军事体育项目的训练及部队体质的锻炼。要求人人都会单杠的三大套(即曲身上、摇动回转、拿大顶)，跑阻拦、越障碍、跳木马及在一丈多高的天桥上跑来跑去，再从天桥上拿个大顶高空飞跃而下，以锻炼身体和技能。冬日的北方经常是朔风凛冽，黄沙漫天，在这样恶劣的天气下，要练习急行军，往返100多里。夜晚，地冻如铁，则要练习破除冰冻挖沟，每连一夜要完成一排人的掘圹散兵壕。秋夏之际如遇到大雨，就演习战斗，官兵一个个被淋得像落汤鸡，回营后每人给一碗姜糖水，以防止受寒感冒。

张自忠常说："战争之事，或跋涉于冰天雪窟之间，或驰骋于酷暑恶瘴之乡，或露营于雨雪，或昼夜趱程。寒不得衣，饥不得食，渴不得水。在枪林弹雨之中，血肉横飞，极人世所不见之惨，受恒人所不经之苦。这种精神和体力，非于平时养之有素，综之有恒，岂能堪此。练兵之宗旨，以能效命于疆场为归属，应于平时竭尽手段，以修养其精神，锻炼其体魄，精娴其技术，临阵才能有恃无恐。故习劳忍苦为治军之第一要义。"

张自忠特别瞧不起那些经看不经打的部队，对蒋介

张自忠练兵

石教育训练那一套也颇有微词。他曾对人说过："南京蒋介石办的军官学校，学员的生活待遇太优厚，培养出的学生是经不起大的战争考验的。张自忠身为长官，也坚持和士兵一样受训。炎炎盛夏，他亲自率领部队进行赤脚行军比赛，每人负重20公斤，并限定在上午11点至下午2点烈日当空的时候往返20公里。行军路上，他全然不顾路上的荆棘和滚烫的沙土，总是第一个到达终点。寒冬腊月，平地积雪很厚，张自忠就下令部队集合，官兵一律全副武装，将棉裤卷至膝盖上，不准戴手套；脱掉鞋袜，在雪地上行军和跑步。而且他也注重整饬军纪。平时，如果部下有人违反军纪，他就毫不留情，高声斥骂，并予严惩。张自忠身先士卒，严于律己，生活中对部下极为爱护，关心部属甚过关心自己。他坚持和士兵穿一样的衣服，吃一样的大锅饭，一样的光头，并且一样参加劳动。

铮铮铁骨逐列强

　　张自忠奉命移驻丰台。当时丰台已为英军盘踞多年。张自忠率部到达丰台时，英军不准其进入，双方发生争执。那时候的许多中国军人，在外侮的积威之下，对洋人不免是"闻鸣镝而惊心，对弯庐以屈膝"，但张自忠血气方刚，硬是派一个连强行进驻车站。英方派人前来交涉，张自忠说："丰台车站是中国的领土，中国军队在自己的领土上执行任务，外国无权干涉。"英军见交涉无效，就武装包围了丰台车站，向我军射击，气焰嚣张。张自忠当即命令车站守军："他不犯我，我不犯他，他若犯我，坚决消灭他！"守军根据张自忠的命令，一面从正面还击敌人，一面派出一个班突袭敌后，英军不支，被迫撤退。但驻守铁道的英军仍不准我军士兵携带武器，致使双方再起冲突。这次英军派遣一位中国人为代表前来谈判，要求中国军队撤兵。张自忠义正辞严："这是中

1928年，张自忠任国军开封军官学校校长

国的领土，不是英国的地盘，撤退的应该是他们！"一句话说得来人哑口无言。英军见碰上了强硬的对手，只好认输。从此，被英军盘踞多年的丰台车站重新回到中国人手中。

"勇于私斗，怯于公战；内战内行，外战外行。"这是对那些热衷于国内混战，而惯于对外妥协的军阀们的生动写照。而张自忠第一次与洋人接触，便显示了铁骨铮铮、不畏强暴的本色。时人评论说："张自忠以他平时的人格的修养，独能以不屈不挠的态度，应付他们，较之当日的统兵大员，已觉出人头地一等。"

中原大战显威风

1927年二次北伐后，西北军的实力得到扩张，成为蒋、冯、阎、桂四大军事集团中兵力最为雄厚的一个。为削弱冯、阎、桂各系军队实力，1929年1月1日，蒋介石主持召开编遣会议，规定全国军队的一切权力收归中央；各军原地静候改编；各集团军无权自行调动和任免军官。这种做法引起冯、阎、桂各派的强烈不满。遂组成反蒋联军，武力倒蒋。1930年5月，中国近代史上规模空前的军阀混战——蒋、冯、阎中原大战爆发了，双方投入的兵力高达130万人。此时，张自忠任第六师师长，编入南路军。

冯玉祥命令张自忠等部由平汉线转用于陇海线，向蒋军左侧攻击，在杞县、太康之间的高贤集与蒋军精锐张治中之教导第二师相遇。这两位姓氏相同，名字相近，且被许多人误为一人的名将，随即展开了激烈的对攻战。

张治中

教导第二师是蒋介石聘请的德国军事顾问团精心训练出来的两个"近卫师"之一，编制整齐，拥有当时中国军队最先进的装备。张自忠调教出的第六师，训练有素，战斗力居西北军之首。张自忠针对敌军装备精良的特点，指挥第六师发起突然猛烈的攻击，奋勇接敌，与之展开近战，发挥刺刀、手榴弹和大刀的威力，使敌军重兵器无法发挥作用。经反复拼杀，终于将敌击溃。蒋军其他各部也因不善白刃战，伤亡惨重，纷纷向南溃退。张治中部奉命担任掩护。张自忠指挥第六师乘机追杀，再歼其一部。教导第二师经此一役，元气大伤。

作战中，张自忠勇猛果断，指挥若定，显示了大将之才。他的参谋长张克侠评价说："其决心坚强，临危振奋。每当情况急迫之时，辄镇静自持，神色夷然。"作战中，张自忠勇猛果断，指挥若定，显示了大将之才。

遭遇失败

中原大战以蒋介石军事集团胜利而告结束。冯玉祥军事集团瓦解，西北军许多部队相继投蒋或脱离西北军，余部约六七万人，在宋哲元、张自忠、刘汝明等人的带领下，退入山西，名噪一时的西北军就此分崩离析。中原大战结束时，张自忠的第六师除了配属梁冠英的第十

刘汝明

七旅随梁投蒋外，尚有第十五、十六旅一部和手枪团大
部，约5 000人，是西北军残部中最完整的部队之一。虽
然蒋介石派飞机给张自忠空投委任状，任命他为第二十
三路军总指挥，但张自忠却对部下说："我们做军人的，
很要紧的就是忠诚。现在西北军失败了，很多人背叛了
冯先生，但我张自忠不会这样做。随即渡河北上，进入
蒋军尚未控制的山西省。1931年1月，西北军残部被张
学良收编，成为东北边防军第三军。同年6月，改番号
为国民革命军第二十九军。晋东南是阎锡山经营多年的
地盘，二十九军驻扎在此寄人篱下，军费无着，穷困潦
倒，士兵们衣衫褴褛，形同乞丐。一年多后二十九军移

张学良

防察哈尔，不得
不夜间行军，就
是怕被人当作土
匪。1932年8月，
在张学良的大力
推荐下，国民党
中央政治会议任
命宋哲元为察哈
尔省主席。二十
九军在张家口扩
编为3个师，军

长宋哲元，副军长秦德纯，参谋长张维藩，第三十七师师长冯治安，第三十八师师长张自忠，暂编第二师师长刘汝明。

张自忠对部队的训练和管理有一套办法和完整、丰富的实践经验，他认为："战争之事，或跋涉于冰天雪地之间，或驰骋于酷暑恶瘴之乡，或露营于雨雪，或昼夜趱程。寒不得衣，饥不得食，渴不得水，在枪林弹雨之中，血肉横飞，极人世所不见之惨，受恒人所不经之苦。这种精神和体力，非于平时养之有素、练之有恒，岂能堪此。练兵之宗旨，以能效命疆场为归属，应于平时竭尽手段，以修养其精神、锻炼其体魄、精娴其技术，临阵才能有恃无恐。故习劳忍苦为治军之第一要义。"就任国民政府财政部部长孔祥熙在华北考察时曾对张自忠的部队这样评价"卒伍整饬，无矜气，无怠容"。可见张自忠平时对部队要求之严格。

中原大战的失败对于张自忠犹如一次脱胎换骨。西北军惨遭败绩、冯先生下野隐退固然令他难过；但同时他也敏锐地意识到，中原大战的结局为避免自相残杀、断送国脉的无益内战的重演提供了可能。作为一个爱国军人，他多么渴望全国的军人能够团结一致，枪口对外，为捍卫祖国而效力！因日本军队向关内侵略，张自忠杀敌报国的愿望提前实现了。

大战喜峰口

　　日本发动九一八事变侵占我国东北领土的第二年，即1932年二十九军奉命调防察哈尔，守卫北部边疆，三十八师驻守宣化。

　　1933年1月，日本关东军突然向天下第一关山海关

二十九军大刀队训练

二十九军大刀队

发动攻击，3日占领山海关，取得了进攻热河的有利态势。这是自1931年日军侵占东三省后进行的又一次扩张。3月9日，日军先头部队攻占喜峰口东北制高点孟子岭，以火力控制喜峰口。喜峰口是河北省迁西县燕山山脉的中段，是万里长城的重要关隘，也是塞北通往京都的交通要冲，战略地位十分重要。

1933年2月，日本侵略军进犯热河，3月占领承德，乘势进逼长城，虎视华北，平津危急。二十九军奉命增援喜峰口和罗文峪。

张自忠率部一昼夜急行军140里，来到三屯营，距

赵登禹

喜峰口还有 60 里的路程。前哨传来急报，日军已逼近喜峰口。张自忠和冯治安督率本部人马跑步前进，于 3 月 9 日到达喜峰口。然而日军已经抢先一步占领了喜峰口。

张自忠下令攻击。于是，在喜峰口展开一场激战。双方为争夺制高点，拼命抢夺山头，血战 3 天，形成对峙局面。

11 日，副总指挥秦德纯受宋哲元的指令，从蓟县总部来到喜峰口前线，同张自忠、冯治安商议，决定抽调有力部队，利用西北军夜战、近战的特长，从两翼夜袭敌人侧背，攻敌不备，奇兵制胜。

张自忠当夜就采取行动，派一〇九旅旅长赵登禹率三十八师董千堂团杨干三营组成大刀队，身背大刀、短枪和手榴弹，由樵夫、猎手带路，从喜峰口两侧的董家口和潘家口翻过险峻的山峰，摸进敌营。一声令下，挥动大刀，砍下敌头。这一仗干净利索，共消灭日军两个步兵联军、一个骑兵大队的大部，共计有3 000多人，取得喜峰口战役的胜利。从此，二十九军大刀队声名远扬，日寇闻之丧胆。

喜峰口大捷，大大激发了全国的士气和爱国激情，使日本侵略者遭受沉重打击。二十九军官兵成为全国人民心目中的英雄，大刀队更是威名远扬，《大刀进行曲》响彻全国大地，张自忠将军首与日军正面作战，获得国民党当局迭电嘉勉。

然而喜峰口战役胜利后，国民党当局与日本签订了《塘沽协定》，并命令二十九军"调离长城喜峰口，暂驻平东，待命返回察哈尔"。

1933年7月，张自忠到庐山军官训练团受训。蒋介石亲自担任训练团团长，副团长陈诚主持训练团日常工作。

张自忠为了进一步加强同中央政府的联系，培养自己的干部，在第二年又派部分旅长、团长到南京中央军官学校高教班训练，提高军官的素质。

二十九军自喜峰口大捷后，扩编为4个师，后来又增加了冀察地方保安部队的两个旅，全军已达10万余人，负责河北、察哈尔两省及平津两个特别市的防务。

出任天津市市长

　　1935年10月，南京国民政府任命宋哲元为北平绥靖主任，12月，成立了冀察政务委员会，又任命他为冀察政务委员会委员长，张自忠时为该委员会的委员，兼察

1935年，张自忠任察哈尔省主席兼保安司令

哈尔省主席。

张自忠主持察哈尔省的工作后，十分关心时局，集中精力，加紧军队兵员和枪械弹药补充，训练部队，购买先进的武器，并令部队择要构筑工事。

当时日本军部，正积极推行华北特殊化政策，企图使华北与中国中央政府分离，利用华北军政负责人，在日本的卵翼下，脱离国民党中央，做日本人的傀儡。对二十九军将领、冀察当局负责人，威逼利诱，造谣分化，说冯治安、刘汝明是抗日派，张自忠是"亲日派"。

许多不明原委的大、中学生，纷纷上书，要张自忠明辨忠奸，莫作民族的罪人。

张自忠读后，心中痛苦难堪，愤恨日军的阴谋。为表明心迹，公开声明："余幼读经书，浑知春秋大义，自忠决不做对不起国家民族和张氏祖宗之事。"

1935年冬，张自忠褒扬了在沽源奋起抗战、守住阵地的保安团长樊伦山；扣押了作战不力、丢弃了宝昌的保安团长李克昌。一赏一罚，将军的抗日态度遂为世人所共见。

日本帝国主义狼子野心，得陇望蜀，在侵占东北后又企图占领华北，不断借端挑衅，制造战机，然而蒋介石仍顽固坚持"攘外必先安内"的方针，对内加紧备战，准备对红军进行"最后五分钟"之决战，对外实行妥协，

1936年，张自忠（中）在天津特别市市长就任仪式上。

在1935年7月给二十九军副军长秦德纯下指示说："中央现已决定，以宋明轩（哲元字）完全负起北方的责任，告诉他务必要忍辱负重。"不要轻启战端。

宋哲元对日军的步步紧逼，力图委曲求全，既要保持主权领土完整，又要防止挑起战端，急需一个能与日军接触、周旋的人担任在华北的日军基地——天津市市长，考虑再三，最后于1936年5月，调张自忠出任天津市市长。

当时，根据屈辱的《何梅协定》《秦土协定》，国民党中央军的势力已完全调离了河北和察哈尔两省，东北军也被西调陕甘，华北的正规军只剩下了宋哲元的二十九军。于是宋哲元及其二十九军就成为华北举足轻重的力量。

宋哲元一方面借日本人的侵略威逼为借口，接二连三地向国民党中央政府要钱、要粮，要求扩编军队。另一方面又以国民党中央为后盾，拒绝日本人要他宣布"华北自治"的要求，企图在日、蒋之间，保持某种程度的半独立状态。使平、津二市和冀察两省成为二十九军的禁脔。正是基于这样的考虑，他选择了为人忠厚，既有能力、日本人又无恶感的张自忠担任天津市市长。

秦德纯、张自忠

此时，天津市的形势异常复杂，根据不平等的《辛丑条约》，20里之内，不许驻扎中国军队，只能有少量保安队维持治安。相比之下，日本却在天津市设有租界、兵营和驻屯军司令部。此外，还有英、法、美等帝国主义的租界和兵营。

张自忠率部由察哈尔移师天津，把三十八师所属5个旅驻扎在天津外围小站、廊坊、马厂等地，控制天津市和对外的交通，加强市内保安队，将特务营换上保安队的服装进驻市内，警卫市政府的安全。

据《档案大观》记载，张自忠出任天津市市长后，秉持"少说话多做事"的原则，奉行不干则已，干就干好的信条，开始了他在天津的工作。他对天津市的吏治、工商财政、文化教育、社会福利和社会治安等各项事业进行了大刀阔斧的整顿，从1925年到1935年，天津市经历了长达10年的萧条。经过张自忠的整顿，天津经济首次出现了增长。

10年的经济萧条使天津失业贫民很多。更有一些丧失生计的人，转而投靠日本人，为敌所用，扰乱地方，祸害民众。张自忠意识到贫民问题的严重性，经过反复研究，他决定向银行借款，采取"以工代赈"的办法解决贫民救济问题。对于没有劳动能力的贫民，则分别归类，组成妇女、孤儿、残废、养老、育婴、文贫六个救

天津英租界中街

济所。

　　张自忠的慈善举措，感染了各界。1936年10月中旬，京剧大师梅兰芳抵津，与程砚秋合作举行冬赈义演，为天津慈善事业募捐。同时，天津工商界的一些实业者也开始办贫民庇寒所，收容贫民2 000多人，张自忠的扶贫举措取得了成效。当时的天津《大公报》评论说："本市路倒现象，以往冬季不计胜数，今年因当局扩大办理救济事业，且一度搜捕乞丐，故露宿者减少，路倒者亦少发现。"

　　20世纪30年代，天津作为被殖民者划分租界的城市，身陷于侵略者的欺压之下。但当张自忠做了市长后，他却为天津人民出了一口"恶气"。

1936年夏的一天，在天津英租界里，一个洋人坐上一辆人力车，没走多远车垫里的弹簧条忽然断了，扎了洋人屁股，洋人勃然大怒，气急败坏地不住辱骂车夫，并且到英工部局，要求局长巴恩士，检查八千多户人力车的弹簧垫子是否坚固。巴恩士立即下令传唤全体车夫到局登记验车，违者处罚。一时间全市哗然。随后社会局向市长请示解决办法。

市长张自忠听了事情原委，对人力车夫深表同情，和社会局科长潘玉书说："中国人在英租界可以不拉座！"潘玉书当即转告人力车公会代表，让他们通知英租界内数千中国人力车夫一律不许在英租界内营运。

自通知车夫罢工后的第二天清晨，外国领事馆和驻军机关以及各洋行、码头的华洋职工上班时，不见有人力车，偶尔发现一二空车，也是匆匆忙忙地跑向中国管界，英国巡捕大喊"打住！"车夫却头也不回，拉着车跑出租界。英国领事馆向天津市政府交涉，请求解决。张自忠告诉英方，必须严惩殴打中国人力车夫的肇事者，并保证以后不再发生类似事件，方可解决。英国领事馆接受了张自忠提出的这个条件，这个事件才算了结。

1936年秋，英国平和洋行出口大批羊毛，拒缴地方捐税，并声言自《辛丑条约》以来，英国商人从来不纳地方捐税。张自忠愤慨地说："不纳捐税，不准开船。"英国领事馆派人交涉，无果而终。平和洋行只得照章纳税。自此以后，所有外商一律纳地方捐税，不敢托词逃避。

1937年5月中旬，英国驻天津总领事馆为庆祝英王加冕典礼而举行宴会，招待驻津各国来宾。在商讨最高来宾问题时，日本华北驻屯军司令官田代皖一郎坚持要以最高来宾身份出席。张自忠闻讯后，义正词严地对英国领事表示："英界为中国领土。日军驻津系不平等条约的产物。国际场合，不能喧宾夺主。若以田代为最高来宾，中国方面绝不出席。"结果英国总领事馆不得不以张自忠为最高来宾。

天津英租界工部局

与日本人周旋

　　张自忠出任天津市市长后，首先对付的是日军的侵迫。面对日本军国主义者在天津横行霸道，贩毒、捕人、肆意闹事、收买汉奸捣乱等，通告日方："津市五方杂处，伏莽遍地，我们到处都派有武装便衣密查。如日方要越界办事，须事先通知我公安局，经我方认可，然后会同办理。否则发生意外，我方概不负责。"

　　对于日本收买的汉奸、便衣队，张自忠认为多是些无聊政客、失意军人和无业游民，对他们当中极少数真正出卖祖国、死心塌地做日军的走狗，必须坚决镇压，绝不宽容；而对其中的大部分人要晓以国家民族大义，促其幡然醒悟，不为异族帮凶；对贫苦的游民，尽力予以收容救济，施以教养，劳以工级。照此施法，以收成效。

　　在同日方交涉的过程中，有时对方言语逼人，有令张自忠屈服之意。张自忠当即坚定地表示："国家养兵，原为打仗。自忠身为军人，卫国保民本是分内之事。"

日方见威胁不见效果，就对张自忠肆意巴结，竭力拉拢，趁他与日方应酬、赴宴、观操、会访等机会，大放谣言，说张自忠接受了日方的金钱，还纳了一个日本小姐为妾，把张自忠描绘成是一个亲日分子。

宋哲元

1937年元旦，宋哲元以二十九军和冀察当局的名义，发表新年文告，表明了拥护国家统一，推行中央命令，卫国抗敌的立场和决心。对华北的抗日情绪，起到了一定的激励作用。

当时，日本驻北平的特务机关长寺平忠辅惊呼："现在的华北和以前我在时的情况完全不同。抗日的空气骎骎乎弥漫京津一带。……如何使宋哲元逃不出我们的掌

驻兵当阳时的张自忠

握，乃是北平特务机关应尽全力的任务。"为此，日本驻天津的华北驻屯军司令部制定了邀请冀察当局派员访问日本的计划，答允一切经费由日本从退还的庚子赔款中支付。

宋哲元知日本人用心不良，自己出访不方便。为减轻日方的压力，缓和双方紧张情势，就派张自忠率团访问日本。

二十九军政委准备访日消息一传开，议论纷纷。从当时华北与日本之间的关系、张自忠的地位及日本方面邀请的动机，时人多判断张自忠负有与日本秘密交涉的政治任务。就连当时的《中央日报》刊出的"天津来信"

也这样分析。

张自忠坚决否认访日有此意图，据英国驻天津总领事可弗莱克向英国外交部的报告说："昨日（4月15日）下午，天津市市长张自忠将军到我住所来作私人拜访，他很信实地告诉我，已经奉到宋哲元将军的命令，不日即赴日本访问，他说这次访问，并没有特殊的任务，仅仅是一次礼貌上的访问，大概要请一个月的假。"

临行前，张自忠向新闻记者发表谈话："此次系旅行性质，并考察日本军工商航空等状况，俾作借镜。如有机会，亦将与日本朝野人士一谈，但并无政治上使命。在日最多耽搁40日，归途将取道青岛返津，秋季并拟赴欧美一行。"

4月23日上午，张自忠一行16人，连同家属22人，搭乘"长安丸"号由塘沽起航东渡日本。

考察团分作两路。张自忠率领的一路称内地组，团员有张允荣、王文典、姚作宾、刘治州、吕秀文、何基沣等，由日籍顾问笠井丰藏陪同，计划访问6周，后因宋哲元来电催促回国，于5月23日离开日本，26日到达青岛，28日到达济南，29日返抵天津。

当天张自忠即向报界发表书面谈话："此次赴日考察，为期共35天，以在东京、大阪两处考察各工厂停留较久，此外，在西京、名古屋等处，均未多停留。日本

工商业近年来确有长足之进展，尤其纺织业与航空业，进步更速。关于军事与市政，亦略为参观，惜均因时间关系，未能详细考察，至所得材料，拟整理成帙，供各界研究。此次在东京、大阪等处曾与日本军政实业界要人晤谈，但亦系普通应酬。"

但朝野人士并没有改变他们的怀疑。外交部北平特派员程锡庚于5月31日给外交部的电报中说："张自忠在日商谈收回冀东、察北问题，闻日方所提之条件，一部分为日本在华北驻军3万，分配山海关、北平、津浦路等地。津石路同由日方修筑，龙烟矿归日人承办。"

日本北平特务机关的寺平忠辅说内地组在日本"受到各方面热烈的招待，满载而归，每个人都脸带喜气，亲日气氛的造成，已收到相当效果。"

张自忠究竟有没有成为"亲日派"，成为当时关注的问题。

1937年7月16日何基鸿(赴日考察团成员何基沣的哥哥)在庐山蒋介石召集的第一次谈话会上有个说明："此次我等在平亲自询问他(指何基沣)去日的经过，据他说：'这次在日本，大部分时间费在交际与游赏，就是张自忠市长本人也没有与任何日人做任何接洽。'我又问他在日本有没有谈到政治军事问题，他说：'在日本的几次应酬，我每次都在场，其中只有一次谈到具体问题。这一次陆军大臣杉山元谈到华北经济提携问题，张市长说明中央与地方的意见，并且一再说明中日经济提携的前提是消除政治障碍，消除政治障碍首先要消除冀东伪组织。杉山元就说只要华北当局将日本应该做的事做到了，取消冀东自治政府是不成问题的。除此之外，什么都没有谈到。'"

程锡庚呈交给外交部的报告，并没有说明材料的来源。程本人后来因投敌叛国，被爱国分子枪杀。战后日本公布的战时文书中，也没有发现张自忠访日期间有失

二十九军部分将领　军长宋哲元（中）与高级将领张自忠（前排左二）、刘汝明（前排右二）等合影。

体面或有愧职守的言行。

1937年7月7日，日军寻衅滋事，炮击二十九军驻守的宛平县城，冯治安部奋起抵抗，震惊中外的卢沟桥事变爆发，日军开始了全面侵华战争，中国开始了为时8年的全面抗战。

当时宋哲元于是年5月回山东乐陵原籍扫墓未归。秦德纯、张自忠、冯治安等联合急电宋哲元，报告事变发生情况。后又派人赴山东请宋速返主持一切。而宋的态度是祈求"和平"的。7月11日晚，宋哲元从山东返

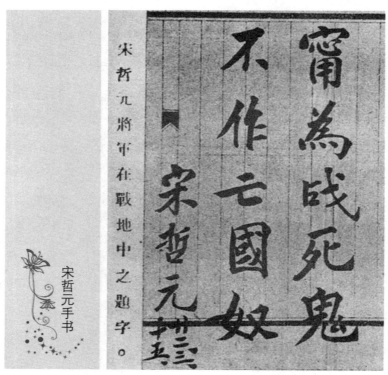

宋哲元手书

宋哲元将军在战地中之题字。

宁为战死鬼　不作亡国奴　宋哲元拜上

抵天津，认为"目前日本还不至于对中国发动全面战争，只要我们表示一些让步，局部解决仍有可能"。南京方面的指示也是"应战而不求战"。根据这个精神，二十九军各部都按兵不动。由于二十九军在平津和日军胶着对峙已经有两年，其间冲突事件不断，但都得以政治解决，因此从上到下都比较麻痹大意，对日军的频繁活动缺乏重视。另一方面，二十九军将士也过高估计了自己的实力，认为平津地区日军以区区3万人，断然无法和10万之众的二十九军对抗。实际上，日本政府已经作出了扩大战争的决策，与冀察当局的交涉只是缓兵之计，争取时间增调部队。宋哲元等对此缺乏清醒判断，仍致力于通过外交斡旋解决事变，于是与日方签订了停战协定。

面对日本侵略军的进攻和无理要求，张自忠忧心如焚。他一面与冯、秦等人联名电请宋哲元速归，一面思考如何应付目前局势。从个人感情上讲，张自忠何尝不想操枪奋起，杀个痛快。但冀察当局和二十九军的特殊地位使他不得不作多方面的考虑：

——日本人此番寻衅用意何在？如果进行交涉，有无就地解决的可能？

——南京政府在和、战问题上究竟持何态度？二十九军率先开战是否符合南京意图？

——一旦全面开战，冀察平津必不能保，二十九军

作为一支与蒋介石素有隔阂的非嫡系部队，出路何在？

至7月下旬，日军陆续从国内和东北增调到平津地区的部队，加上原来的驻屯军，总兵力达到十几万人。26日晚，中国驻屯军司令官香月清司向宋哲元发出最后通牒，限二十九军于27日正午以前撤出北平，被宋哲元严词拒绝。日军先发制人，于28日凌晨发动全线进攻，二十九军仓促应战，南苑的二十九军军部遭到日军主力攻击，副军长佟麟阁、师长赵登禹阵亡，军部直属部队和一三二师寡不敌众，被击溃。南苑丢失，二十九军防线被拦腰砍断，局势非常不利。

这时蒋介石发来电令，让宋哲元撤到保定。在7月8日至28日间，蒋介石相继给宋哲元发出5封急电，指示他速赴保定扼守。宋哲元是边疆大吏，守土有责，不战而退，舆论和国法难容；若战，二十九军命运不堪设想。走还是留，这无疑是个十分敏感的问题——任何人都清楚，此时此刻，留在被日军占领控制的地方，进行善后维持工作，必定被全国人民骂为汉奸！

在宋哲元召开的高级军事紧急会议上，在座的6人一言不发，气氛悲愤、凝重。最后，张自忠站起身来。

宋哲元深知张自忠这一站意味着什么，临行时，他握住张自忠的手说："荩忱，慷慨赴死易，从容负重难。我今晚就走了，让你为难了。二十九军现在战线过长，你设法在北平拖住日本人，为我们争取到一个礼拜的缓冲时间，待我军收缩集结之后，便可恢复有利态势。"在七七事变前后任第二十九军副军长、北平市市长的秦德纯在《我与张自忠》一文中也提道："当卢沟桥战争经过二十余日，7月28日我军在南苑失利后，宋将军即遵蒋委员长电令，赴保定坐镇指挥。当时宋将军写了三个手令：一、冀察政务委员会委员长由张自忠代理；二、北平绥靖主任由张自忠代理；三、北平市市长由张自忠代理。一面电呈中央核备，并立即决定当晚9时由宋宅出发。临行，张将军含泪告诉我说：'你同宋先生成了民族英雄，我怕成了汉奸了！'其悲痛情形已达极点。"

当天晚上，宋哲元留下四个团维持治安，带着主力部队悄悄地离开了北平，安全脱险。29日凌晨，北平人民发现二十九军已经抛弃他们退走了，而张自忠署名的告示四处张贴，劝告民众各安其业，不要惊惶自扰。于是舆论大哗，都认为张自忠做了汉奸，一时间举国声讨。张自忠是一个自尊心、荣誉感非常强的人，这段时期的特殊经历，对他打击很大，从此萌发死志。

背负汉奸的骂名

二十九军大部队撤退前，张自忠给所部三十八师副师长及旅、团长们修书一封，说："明奉命留平，暂离部队，叮嘱部下团结一致，在副师长率领下听军长指挥，坚决抗战，努力杀敌。"张自忠仅指定副官、参谋、勤务等六七人随他留在北平。

张自忠深知自己的特殊使命一时难以让局外人理解。他不想向别人解释，就是想说，在当时的情况下他也是有口难辩！事实上，日军在进入平津后，就大张旗鼓地与汉奸勾结，成立伪政权，并多次软硬兼施地要求张自忠通电反蒋、反共，这些都被张自忠一一拒绝。日本人并不相信他，派出不少汉奸、特务跟踪他，想把他完全控制在日本的掌握之中。

张自忠一边尽量敷衍日本人的各种要求，拖延时间，一边加快了自己的行动步伐。他秘密下令开仓放粮，帮

张自忠

助战乱中的百姓度过饥荒；他通过过去冀察政委会中的
熟人和红十字会，秘密转移未撤出的部队，掩埋阵亡将
士尸体，分散隐蔽伤员，并专门接济安置留平军属……

　　然而国人并不明真相，在人们眼里，这是一个伪市
长！"张自忠"成了叛徒、大汉奸、卖国贼的代名词。
1937年后半年的报纸，多在痛骂他"卖国变节"，一律称
之为"张逆自忠"。那时的中国人，没有谁没骂过张自
忠。一些大报用醒目的大标题配文，讽刺张自忠"自以
为忠"，其实是"张邦昌之后"。就连南京政府军政部派
驻北平的简任参事严宽，致电军政部长何应钦的电文中
也说张自忠是汉奸。9月28日，《大公报》发表《勉北方
军人》一文，颂扬老将段祺瑞和吴佩孚，而把张自忠与

汉奸殷汝耕名列一处：

在北方军人的老辈中，便有坚贞不移的典型。段祺瑞先生当日不受日阀的劫持，轻车南下，以民国耆老死于沪上，那是北方军人的光辉。最近北平沦陷之后，江朝宗游说吴子玉先生，谓愿拥戴他做北方的领袖，经吴先生予以断然拒绝。这种凛然的节操，才不愧是北方军人的典型。愿北方军人都仰慕段、吴两先生的风范，给国家保持浩然正气，万不要学鲜廉寡耻的殷汝耕及自作聪明的张自忠！

日军侵占北平城

张自忠

持一致，被视为社会的良知，公众影响力相当大，其连连发文鞭挞张自忠，效果可知。

在一片痛骂声中，张自忠始终缄默着，周旋着，估算着第二十九军向目的地有序撤离的时间，努力使京津免于屠城。

对于这一历史，张自忠将军的老上级冯玉祥在《痛悼张自忠将军》文中予以澄清，冯玉祥说："华北造成一个特殊的局面，他在这局面下苦撑，虽然遭到许多人对他的误会，甚至许多人对他辱骂，他都心里有底子，本着忍辱负重的精神，以待将来事实的洗白……在北平苦撑之际，有人以为他真要浑水摸鱼。当时我就说，他从小和我共事，我知道他疾恶如仇，绝不会投降敌人，后来果不出我所料。"

爱国的情怀非是一种，张自忠选择了荆棘。他的行

宋哲元离开北京　《伦敦新闻画报》1937年8月7日

为，已经完全是别样层次上对民族一种苦爱，是一种含泪的凄异壮烈的美。青史上，美名存。

8月4日，北平城陷入日本人之手。张自忠无法行使军政职权，并且，他个人的安全也成了严重的问题。8月7日，也就是宋哲元带队撤离的第十天，张自忠见延缓日军一周的计划业已完成，自己留在北平已无意义，便宣布辞去一切代理职务，躲进了一家德国医院。

在城陷时，张自忠想率手枪营秘密潜赴察哈尔，被阻。于是到东交民巷德国医院隐藏起来。德国医院即现在的北京医院，是一所设备良好的高等医院。张自忠在病房住下不久，发现这里的许多人都认识他，感到待在此地终非长久之计，必须换个地方。但整个北平都沦陷了，哪里会安全呢?思来想去，他想到了一位美国人——福开森。

福开森，美国马萨诸塞州人，1886年来中国传教。先后开办南京汇文书院、上海南洋公学，曾任张之洞、袁世凯等人的顾问，还被清廷赏予二品顶戴。1899年，福开森接办上海《新闻报》。后来，他定居北平，并与张自忠相识。福开森得知详情，慨然应诺。次日，张自忠即秘密转移到福开森家中。为防被人识破，福开森特意把张自忠装扮了一番，让他身着长袍，扮成学者的模样，

　　1948年初，在北平张自忠将军故居创办的北平市私立自忠小学校。

在家中隐藏下来。

福开森侨居中国期间，曾搜刮了大量中国文物，遭到中国文化界的抨击和谴责。

但这次他却办了一件大好事。此事由于秘密办理，因而不为外人所知。

为及早脱离虎口，南下参加抗战，张自忠一面派廖副官密赴天津，找赵子青商量脱险之计，一面派周副官南下，了解部队情况。

赵子清年轻干练，结交面广，曾为二十九军采买过军火。在廖保贞说明来意后，慨然应允，与太古洋行谈恰，同意把张自忠安全地送到青岛。

致部将李致远的信

　　然后，赵子清又去找侨居天津的美国商人甘先生，请他利用经常驾驶私人汽车往返于平津之间的机会与有利条件，把张自忠接到天津。甘先生十分敬重张将军的为人，当即表示他将尽全力把张自忠安全地接到天津。

　　再说周宝衡副官，潜出北平后一路向南追寻，终于在黄河南岸东阿一带找到了队伍。李文田、黄维纲、刘振三、李致远等几位将领得知师长的消息，大为惊喜，一致要求师长早日归队，率部抗战。刘振三更是急切地表示："师长什么时候回来？我亲带四百便衣到北平城郊外接他。"

　　周宝衡风尘仆仆返回北平报告情况，张自忠即给几位部将回了一封信，命周即刻返送，信中用暗语写道：我自接了聘书，怎么能不去上课呢？期满，我就要辞职回家，你就不用来了。

　　9月4日凌晨，天色朦胧，雾雨霏霏，张自忠换上工人衣帽，伪装成司机的助手，坐进甘先生的汽车，巧妙地通过了日军关卡的检查，飞奔到天津，藏进住在英租界的赵子清家。

　　在天津潜伏的一周，张自忠为了避免被日本人发现，蛰伏在赵子清家中，闭门不出，与外界的联系全由副官出面去沟通。其间，在9日晚上，也就是他离开天津的前一天晚上，他秘密地回家看了一下家人，对家事做了

张自忠

安排，嘱咐弟弟代他照顾孩子。次日，他弟弟送他登上了英商太古轮船公司的一艘客轮，秘密南下，当时，谁也没有想到，张将军这次南下，竟是与家人的永诀！

　　1937年9月10日，张自忠在外国友人的帮助下，悄悄地离开了天津，乘坐英国太古轮船公司的一艘客轮前往青岛。

　　这样，在与敌人进行了长时间的周旋之后，张自忠终于脱离了虎口。

重返军中

　　太古轮船到达青岛，山东省主席韩复榘恐学界和教育界有过激举动，不敢让张自忠上岸。不得已，折返烟台上岸，到了济南。韩复榘派人将张自忠秘密地监视起来。

　　张自忠不禁万分难过，于是亲书致全体将领亲笔信，其中写道："诸弟兄忠诚报国，无日不在念中。忠冒险由平而津而烟台而济南，刻即赴南京谒见委员长，面言一切……而社会方面颇有不谅解之际，务望诸弟兄振奋精神，激发勇气，誓扫敌寇，还我河山。非如此不能救国，不能自救，并不能见谅于国人。事实胜于雄辩，必死而后生。"这是张自忠逃脱虎口后的首次内心剖白，赤诚爱国，光照夺人。

　　这时，正在津浦线泊头镇前线督战的宋哲元获悉，立即派秦德纯前往济南，分别会晤韩复榘、张自忠，传达宋哲元的命令，要张自忠静候消息，切不可先到部队，

免招诽议；也不可擅自他去，免遭不测。

为了使张自忠及早摆脱窘迫的境地，秦德纯请示军政部长何应钦："职奉守主任令，偕同兼北平市市长张自忠晋京，向中央有所呈述并请罪。惟各谣诼纷传，对张似有不利，可否前往，请电示。"

旋即，何应钦复电："嘱即同张市长来京，弟可一切负责。"

韩复榘派省府委员张樾同行，"负监视任务"。张自忠被押上火车时，京沪各大报纸皆发电讯，报道"张逆自忠今日解京讯办"，连车次也作了详报，所以火车一进徐州站，秦德纯忽然看见车站上围了许多学生，打着白旗，上面写的好似有"张自忠"的字样，就劝张自忠到厕所躲一躲。张自问无愧，不肯，被秦推了进去，随手把门锁上。学生冲上车，咆哮着要抓"汉奸张自忠"，秦德纯颇费一番口舌，才把愤怒的学生骗下火车。

张自忠

这件事，对张自忠的刺激极大，让他清醒地知道了自己的公众形

李宗仁

象。到达南京，满街都是辱骂张自忠"卖国"的标语，军委会还有人提议，对张自忠组织军法会审。宋哲元深感强敌压境，迫切需要张自忠回军杀敌，就又派石敬亭到南京，请冯玉祥向蒋介石说明原委。这时，第五战区司令长官李宗仁刚抵南京，听说张自忠为人侠义，治军严明，勇略过人，善于挥师作战，乃是西北军中一员勇将，特意约张自忠叙谈。

张自忠向李宗仁表示："如蒙李长官缓颊，中央能恕我罪过，让我戴罪图功，我当以我的生命报答国家。"

李宗仁深受感动，先后向何应钦、蒋介石进言："张自忠是一员忠诚的战将，绝不是想当汉奸的人。现在他的部队尚全师在豫，听说有人想瓜分他的部队，如中央

留张不放，他的部队又不接受瓜分，结果受激成变，真的去当汉奸，那就糟了。我的意思，倒不如放他回去，戴罪图功。"

三十八师的官兵为了营救张自忠，对蒋介石施加压力，就地闹独立，非张谁也调不动。

在南京，蒋介石召见张自忠时，张自忠主动请罪："自忠在北方失地、丧师、辱国，罪有应得，请委员长严予惩办。"

蒋介石说："你在北方一切情形，我均明了，我是全国军事委员会委员长，一切统由我负责，你要安心保养身体，避免与外人往来，稍退再约你谈。"

蒋介石第二次召见张自忠时，答允让张自忠重返军

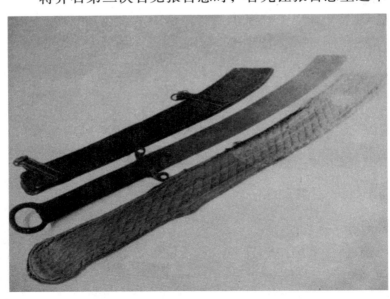

宋哲元的大刀

队，于21日委任张自忠为军政部中将部副职，去武汉就职。就在他赴职途经郑州时，宋哲元将他拦截下来，让他担任五十九军军长。

当时，二十九军已扩编为七十七军和五十九军。组编为第一集团军。任一战区副司令长官，第一集团军总司令的宋哲元兼任五十九军军长。该职，何应钦一直想让秦德纯担任，但秦德纯认为，五十九军系由三十八师扩编而成，其干部多系张自忠的学生，由张自忠上任军长，易于发挥部队的战斗力，因而婉言推辞了，经一战区司令长官程潜电请蒋介石同意，由张自忠暂代五十九军军长。不久，正式担任军长。

1937年12月7日，张自忠回到河南道口李源屯五十九军军部。与官兵老部下见面时，张自忠只说了一句话："今日回军，就是要带着大家去找死路，看将来为国家死在什么地方！"官兵听到这句话都哭了，张自忠也落泪了。为什么说得这么狠？因为张自忠是不能打败仗的！一个被全国骂为"华北头号汉奸"的人，从一开始便失去了可以撤退可以打败仗的权利，他只能勇往直前，痛击日军。张自忠的归来，使五十九军结束了几个月来群龙无首的局面，军心为之凝聚，士气因此大振。

临沂大捷

张自忠重任军职后不久，爆发了徐州会战。

1938年初，攻陷南京的日本"率中支那派遣军"调集4个师团北上，与津浦线南下的军队相呼应，企图迅速攻取徐州，打通南北战场。

2月，日本侵略军相继侵占了明光、定远、蚌埠、凤阳4座城池，中国方面淮河前线的于学忠部兵力单薄，抵敌不住。

张自忠奉命立援于学忠部。他率五十九军星夜赶路，广昼夜急行军200多里，赶到淮河北岸，截住了敌军，经过一场激烈的战斗，终于击退了敌人。随后，他率五十九军进驻滕县，保障中国军队侧翼的安全，牵制一部分日军，使之不能南进。

日军精锐第五师团板垣征四郎部在青岛崂山湾、福岛登陆后，西进至潍县转南，进逼临沂。临沂是鲁南军事重镇，屏障徐、海，关系全局。其守军是庞炳勋的第三军团。在日军的进攻下，渐感不支，连电告急。

李宗仁急调张自忠驰援。但张自忠与庞炳勋之间曾有过一段私怨。在1930年中原大战时，二人都是冯玉祥手下的战将，彼此亲如兄弟。不意庞炳勋倒戈投蒋，出其不意地袭击张自忠的师部，张自忠险些丧命。之后，张自忠一直把庞炳勋看作是不仁不义之徒。现在调往同一战场，且受庞炳勋的指挥，实在不愿。

李宗仁得知详情后，找张自忠谈话，"你和庞炳勋有宿怨，我甚了解，颇不欲强人之所难，不过以前的内战，不论谁是谁非，皆为不名誉的私怨私仇。庞炳勋现在前方浴血抗战，乃属雪国耻、报国仇。我希望你以国家为重，受点委屈，捐弃个人前嫌。我今命令你即率所部在临沂作战。你务要绝对服从庞军团长的指挥，切勿迟疑，致误戎

永安公墓张自忠将军雕像

机!"

张自忠听后,不假思索地回答:"绝对服从命令,请长官放心!"

部队出发前,张自忠接见战地记者时说:"军人要报国,得简单讲句话,就是怎样找机会去死……早点光荣地为国家去死!"

张自忠率部日夜兼程,一天一夜,疾驰180里,于3月12日薄暮时分赶到临沂近郊,集结于上沟、东西墩、义堂间地区。

薄暮时分,张自忠偕李文田、张克侠、黄维纲等将领前往临沂南关第三乡村师范,第三军团指挥部就设在这里。庞炳勋自得知战区将派张自忠应援临沂后,心中一直担心他是否愿意前来增援。当他远远看到身躯高大的张自忠大步流星地走来,心中高悬了几天的石头终于落了地。他有些吃惊,又感动莫名,急忙迎上前去,久久握住张自忠的手。两人相视,默然良久,数年积怨,顷刻冰释。张自忠说:"大哥你放心,我决心尽力帮你打赢这一仗!"庞炳勋也动情地说:"老弟呀,人家说你要在北平当汉奸,我才不相信呢。我了解你的为人!"张自忠则落地有声:"今天倒是要他们看看,我张自忠是不是汉奸!"

14日凌晨3时许,五十九军强渡沂河,向日军第五师团发动猛烈进攻。一时间，枪炮大作，地动山摇。张自忠率军部推进至朱潘，就近指挥作战。当记者请他预测战役胜负时，他坦率地说："这次攻击是成功，还是失败，现在没有把握。板垣的部队实力很强。不过我将尽全力去做，以求良心之所安。"交战至7日，双方伤亡惨重。

五十九军在张自忠亲自督励下，以"报祖国千万一"的决心，反复拼杀，用小战斗群把日军分割开，之后，予以消灭。用这种办法，歼敌甚众，仅刘家湖争夺战，击毙日军旅团长长野及第三大队长牟田，并全歼了日军第三大队。日军溃败，残部逃至临沂东北近百里的汤头镇。张自忠、庞炳勋两部穷追猛打，首开抗战以来追击日军的记录，取得了临沂大捷。蒋介石传令嘉勉，"开抗日胜利之先河，振国军之士气"。

临沂大捷，稳定了第五战区的局势，树立了友军协同作战的模式。同时，打乱了敌军的作战部署，砍断了津浦线北段日军"左臂"，挫败了日本侵略军会攻台儿庄的计划，造成矶谷师团孤军深入，被我围歼。

指挥徐州会战的李宗仁将军事后追述说："若非张氏大义凛然，捐弃前嫌，及时赴援，则庞氏所部已成瓮中之鳖，必至全军覆灭。""张自忠的第五十九军奋勇赴战之功，实不可没。"

作为一个旧军人，在强敌日寇面前，张自忠能捐弃前嫌，及时援救庞炳勋，实在是难能可贵的，它突出地表现出张自忠将军的爱国主义精神。

1938年3月23日，津浦路正面日军矶谷师团4万人，配备大小坦克七八十辆，山炮、野炮百余门，沿津浦路临枣支线，直扑台儿庄，以期由此一举而下徐州，夺得打通津浦路之首功。但这时的日本侵略军，由于东路第五师团板垣征四郎部没能越过临沂前来会合，已是孤军深入，当即陷入我国军队的重重包围之中。

这时，日军东路的板垣征四郎部企图增援台儿庄的

1938年4月，中国军队在山东台儿庄与日军展开激烈的巷战。

台儿庄大捷遗址

日军，再次进攻临沂。

庞炳勋以疲惫之师应战，再次告急求援。

张自忠又率部回援临沂，浴血奋战，把日军阻挡住。

29日，缪激流部第五十七军也抵达沂水两岸，巩固台儿庄战斗的右翼阵地。

4月2日，国民党军队开始全线总攻击。

4日，军委会电令张自忠部切断台儿庄与临沂、台儿庄与费县之间的交通，以确保台儿庄战役的彻底胜利。

张自忠率部在临沂外围修筑阵地，进入阵地防御。又以一部向临沂、沂水间及蒙阴、费县间游击，牵制日军南下增援。

参战的各部队奋力苦战，终于击溃了日本侵略军两个师团主力，歼敌近2万人，取得了台儿庄大捷。

张自忠也因两次援救临沂有功，被国人视为抗日英雄，升任第二十七军团长，并兼五十九军军长。

日本侵略军在台儿庄地区惨败后，日方统帅部调整了攻打徐州的计划，从4月中旬起，日军从华北、华东各战场增调10个师团，约30万人，配以重武器，分6路向徐州进逼，包围徐州，企图将中国数十万大军吸引到徐州附近地区，一举歼灭。

5月中旬，国民党政府最高统帅部认为，第五战区各部队，久战疲惫，亟待整补。另一方面，徐州一带系平原地区，无险可守，利于日军机械化部队和空军力量发挥优势。为保存力量，决定放弃徐州，把军队向豫皖方向突围，进行战略转移。

按照计划，"张自忠军团长指挥徐州西北之第五十九军，九十二军之二十一师，四十二军之二十七师以及一三九师在郝寨、肖县附近占领阵地，掩护主力军集结。"

于是，张自忠指挥人马，阻击日军，掩护主力部队的撤退，圆满完成任务后，于6月1日将所部集结于河南许昌附近的村庄进行整训。

张自忠在作战中，冲锋陷阵，身先士卒，常把指挥所置于最前线，在敌人炮火的射程之内，置自己的安危于不顾。因此，手下官兵亦肯用命，勇往直前，绝无畏惧。如在临沂战役中，连长一级的军官，牺牲的多达170余人。

在作战中，张自忠还下令，将所有的车马等运输工具，包括他本人的车马，全都留给伤患官兵乘用，而他自己，宁肯步行。

在行军中，张自忠又特别注意军容的整肃，不允骚扰百姓，败坏军纪。一次，雨中行军，他发现一个士兵

张自忠塑像

戴的草帽是老百姓的，就面带怒容，严加训诫。

在撤退时，张自忠又常常殿后。

因此，张自忠深得部下爱戴。

1938年6月12日武汉会战，张自忠部隶属第五战区，守备潢川，掩护国军布防信阳关、武胜关，至9月初，六安、固始、商城等地相继失守，张自忠部驻守的防地失去依托，陷于孤立。

9月7日，统帅部命令张自忠守城3天，掩护豫南主力军向后撤退。

日军凭借其强大的火力，再配以飞机、火炮，狂轰

开抵襄樊一带的第五战区

滥炸，企图突破张自忠部的防守阵地，夺取潢川，追击撤退的中国主力部队，

当时，中国陆军步兵团与日军步兵联队的火力比是1:2.14，火力发射速度为1:3.07。

面对强大的敌人，张自忠率部顽强抵抗，阵地稳如泰山。

五十九军三十八师黄维纲部在春和集与日军硬拼了一周，痛击了敌军。之后，转移到潢川附近。

日本侵略军没能越雷池一步，恼羞成怒，其第十师团竟残忍地施放毒气。张自忠部官兵中毒者甚多，但仍苦苦鏖战，死守潢川。

就是这样，张自忠部阻敌13天，为主力部队及重要物资、粮秣的转移，赢得了时间。19日奉命转移。

10月12日，李宗仁电告张自忠，他已升任第三十三集团军总司令，冯治安副之，张克侠为参谋长。下辖：

第二十九师师长许文耀、第七十四师 师长李汉章、第五十九军 军长张自忠(兼)、第三十八师 师长黄维纲、第一八〇师 师长刘振三、骑兵第九师 师长张德顺、骑兵第十三旅 旅长姚景川、第七十七军 军长冯治安(兼)、第三十七师 师长吉星文、第一三二师 师长王长海、第一七九师 师长何基沣、总部特务营营长杜兰喆、全军共3.5万人。

吉星文

10月中旬，武汉南北屏障大部失守，各路日军已逼近武汉。与此同时，日军开始向广州发起进攻。蒋介石认为战局可能南移，遂决心结束武汉会战。10月17日，张自忠出席第五战区高级将领会议，会议决定战区主力向平汉路以西转移，确保鄂西。鉴于日军的猛烈攻击对战区翼侧造成很大威胁，李宗仁命张自忠第三十三集团军殿后担任掩护。

11月13日，张自忠深感责任太大，致电李宗仁请辞说："职自知任重才轻，万难胜任。"因为，这次他又被任命为第五战区右翼兵团(又称右集团军)总司令，下辖第三十三集团军、王瓒绪之第二十九集团军、刘汝明之第二十八军团、郭仟之江防军及萧之楚第二十六军等部，总兵力达15万余人。但李宗仁主意已定，张自忠之固辞未能获准，因为张自忠是最好的人选，但是又怕其过度劳累，只好于18日由钟祥赴荆门就职。从此，张自忠成为一方面的统帅。

从1937年12月到1938年，张自忠不仅处分被撤销了，而且连获晋升，一方面是因战争急需人才，另一方面则是张自忠本人屡建战功使得张自忠背着处分重归军旅，戴罪立功，由军长而为军团长，由军团长而为集团军总司令，由集团军总司令而为战区右翼兵团总司令，擢升之快，令人称奇。战场就是杀场，必须时刻警惕变化，不能丝毫的懈怠，因为胜利与否关系到国家的安慰和人民生命的安全。

荆门县城是一个古色古香的蕞尔小城。这里的县长听说张自忠11月18日到达荆门，特地带领四位壮汉抬一

武汉保卫战中，我军向敌人发射迫击炮。

乘小轿，牵着三匹坐骑前来迎接。可是这位县长万万没想到，张自忠非但一点也不领情，反而训斥他们的举动：当官的应该心系民众，这些形式的东西不要也好。县长本欲讨好，反遭斥责，尴尬得呆立在那儿。接着张自忠问他说："你县防空设施有哪些？防空宣传和组织如何？敌机来袭时有哪些信号？民众对抗日工作抱什么态度？你又是怎样动员群众、组织群众，支援军队打日本的？"县官很少做过这些具体的工作，被问得张口结舌，无言以对。张自忠看他不知所措的样子，赶紧让他带人去部署，因为空袭马上到来。过后，又派总部黄参谋和姚副官前去指导和协助工作。

　　荆门县城西关有一个龙泉书院。背倚象山，环境幽美。张自忠就将集团军总部设在这里。

第五战区军事将领合影

　　果不出张自忠所料，四天后30多架日机飞抵荆门上空实施猛烈空袭。炸弹与机枪弹不断从飞机腹部倾泻而下，县城内外顿时火焰四起，烟尘滚滚。当时，张自忠正在龙泉书院总部，听到轰炸声，他立刻走出院中，不顾自身安危，亲自指挥附近军民疏散隐蔽；然后自己才躲到一棵松树下，注视着敌机在上空吼叫。目睹一片片瓦砾，一堆堆废墟，遍地横卧、血迹斑斑的尸体和百姓们失去亲人、失去房屋的痛哭哀号的惨状，张自忠紧蹙眉头，悲愤地对身边的徐惟烈参议说："我们国家遭受日寇这种侮辱欺压，实在太可悲了！我这个总司令保护不了自己的人民，当着实在有愧，对不起老百姓！"这时我们在战备上虽束手无策，但信念和气势上绝对不能输。所以他不顾危险，冲上一个瓦砾堆，高声对周围的官兵喊道："日寇已疯狂到毫无人性的地步，惨杀无辜，令人发指！我们作为军人，不能保卫他们，真是奇耻大辱！此仇不报，死不瞑目！"参谋处当即把他的这番话通告各部队。

　　突然，几颗炸弹在张自忠附近爆炸，险些将他炸伤。事后，同僚们抱怨他太冒险，不肯珍重自己，张自忠摇摇头，很感慨的回答："我们在物资储备和武器先进性上比不了敌人，除了必死的决心，还有什么可以战胜他们的呢？"

驰骋中原

中国第五战区的战略重点，是死守桐柏山、大洪山两个据点，以便我军随时向武汉外围出击。同时与大别山区的守军，遥相呼应，威胁被日军控制着的平汉路交通。1939年初，日军开始向随枣地区扫荡。

张自忠督率所部在襄河东岸与敌人展开血战。战斗异常残酷，创敌甚重。张自忠在3月2日给重庆的电文中报告说："为二期抗战之未有。……窥其用心，似不肃清我襄河之我军不止，兹唯有以最大之牺牲，尽最后努力，除令二十九集团军积极东进，牵制北上之敌外，并严令各部，无论如何，不准擅离河西一步。"

日军气势汹汹，连日数路进攻，炮火猛烈。

我军伤亡惨重，各路告急，有些阵地已经丢失。张自忠电告重庆："河东战役，职指挥无力，以致未能拒敌，乞赐处分。"

10日，军令部刘斐批复："该军苦战兼旬，各出力将士，均应嘉奖。国军抗战，原不以胜败论功罪，望继续努力奋斗，以摧顽寇，所请应予免议。"

11日，张自忠同部下诸将商议后，"咸抱有敌无我，有我无敌之决心，金以为襄河以东，关系甚重大，唯有不惜任何牺牲，与敌拼死一战，除一面固守永隆河、杨家圩之线外，而决定与七十七军(冯治安部)共同出击，以期恢复原阵地，并予敌以痛击。"

为扭转局势，张自忠于12日亲临七十七军督战，举行反击。

在张自忠的督率下，全军将士奋勇作战，以劣势之武器，抗击优势之敌军，激战旬日，终将敌人击退。此即随枣会战。

日军不甘心侵占中国的野心受挫，为巩固其武汉基地，威逼四川，保证平汉路的交通，于1939年4月下旬集结中国派遣军的精锐部队约10万人，挟轻重炮200余门、战车百余辆，沿着襄花(襄阳——花园)和京钟(京山——钟祥)两条公路进犯随枣，企图占领襄樊。消灭我第五战区的主力部队。

4月30日，日军利用公路沿线都是平原的地势，借助机械化部队的威力，向我军发动进攻。敌军坦克横冲直撞，将我军的战壕压平了，我守壕的士兵，不是被坦

张自忠将军，摄于鄂西荆门前线。

克压死，就是被活埋在壕内。日本步兵尾随坦克之后，蜂拥而上，轻重机枪，密集扫射，弹如雨下，攻势凶猛。我军形势，万分危急。

张自忠见状，决心死战求胜，他致函各将领："目前在前线，只有两条路可走；第一条是敌未来敷衍的部署，敌已来敷衍的抵抗一下就走。但是这条路，似乎讨便宜，其实更吃亏。因为今天不打，明天还要打，在前面不打，退到任何地方还是要打；完是一样完，牺牲是一样牺牲。所以走这条路的结果，一定身败名裂。不但国家因此败坏于我们之手，就是连我们自己的生命也要为之断送，我是不忍弟等走这条自取灭亡的死路。第二条路就是拼。与其退到后面还是要拼，我们就不如在这条战线上拼得有价值、有意义。所以我们这一次一定要同敌人拼到底，拼完算了，万一拼完了，我与弟等也对得起国家。"各将领俱拼死战斗，死守阵地。

5月1日，日军向襄河东岸大洪山区，五十九军的三十八师、一八〇师和七十七军的三十七师阵地进攻。8日后，日军又加强对我军战区守军西翼的进攻，异常凶猛。

张自忠得知前线吃紧，于9日亲自率领三十八师的两个团渡河攻击敌军陆地。与此同时，向最高军事当局表示："若任务不能达到，决一死以报钧座。"重庆得报，十分钦佩，回电嘉勉："钟祥方面之战况，非张之奋勇决心不能挽其危局，实可嘉奖。"

10日，我军防守阵地的一些部队被敌军冲断，失去了联络，形势万分危急。

13日，张自忠领兵进至田集附近，当夜突袭镇内日军兵站，生俘日军300多人，缴获军马百余匹，粮秣甚多，还烧毁日军橡皮船百余只。

这时，战区指挥部严令襄阳汤恩伯部会同孙连仲集团军，从豫西南下，对敌军实行外线反包围。张自忠则在襄河布阵，截住敌军南退之路，对敌军实行内外夹击。

15日，中国军队发起总攻，激战三天三夜，敌人开始败退，我军大胜，重又克复失地，总计歼灭敌军13000人，这就是鄂北大捷，达到牵制和消耗敌人的目的。

鄂北战役之后，张自忠因功荣升第五战区右翼兵团

总司令，除原先的三十三集团军外，还辖有王缵绪的第二十九集团军及一二二师王志远部，直接受他指挥的部队达20余万人。

1939年9月1日，德军入侵波兰，欧洲大战爆发。蒋介石对国际形势的变化是喜忧参半：喜的是欧战爆发，美国对日态度趋于强硬，无疑有利于中国抗战；但另一方面，在日本的笼络下，美英出于欧洲利益的考虑，难保不会堕入其彀中。因此苏联驻中国顾问团提出，为获得英美支持，提高中国的国际声誉，牵制日军北进攻击苏联的企图，中国军队应发动一次大规模对日攻势。蒋介石对这个建议很感兴趣。再者，中国抗日战争进入战略相持阶段之后，日军转而在政治上加紧扶持汪精卫汉奸集团，准备成立全国性的汉奸傀儡政权，对此若不加以打击，实难解蒋介石对"汪逆"的心头之恨。

国民党军整训的完成，使各部队战斗力有所提高，这也增强了蒋介石发动对日大规模攻势的信心。1939年12月，为了打破日本侵略军"以战养战之策略"，我军发动了冬季攻势。五战区共辖45个师，总兵力约30万人，李宗仁将30个师用于攻击。其中张自忠指挥第二十九、三十三集团军和预备兵团第八十四军，共13个师约9万人，受命攻击京钟公路之敌——战斗力很强的日军甲种师团第十三师团，尔后进击汉口。这是第五战区攻势行动的主体，也是全国冬季攻势的重点之一。蒋介石对该方面的作战极为重视，特派军委会魏高参前来担任监军，每日向他报告战况。

12月12日，随着张自忠一声令下，右翼兵团数万大军一齐向当面之敌发起猛烈攻势，枪炮在呼号的寒风中轰鸣，声震山河。

在指挥部队展开正面进攻的同时，张自忠还策划了一次奇袭行动。张自忠命令一三二师王长海部所属三九五团袭击钟祥县东北角敌总指挥部，并通过电话向该团团长任廷才分析敌情："1.敌人在十几天的激战中损失很大，士气不振，已呈动摇之势；而敌人总指挥部距敌前线又远，敌后空虚，若出其不意夜袭敌后方，定能取得胜利。2.你们都读过军官学校，读书贵实践。国家养兵就是为了打仗，打仗就有伤亡。人总是要死的，多活二十年、少活二十年，转眼就过去了，但死有重于泰山，有轻于鸿毛，为国家为民族战争而死就重于泰山，否则轻如鸿毛。"

是日晚，天暗如墨，任廷才率领所部利用夜幕的掩护，穿过敌人部队之间的空隙，悄悄地转出于敌人的后方，突然对敌人的总指挥部及其附属兵站发起进攻。敌人非常意外，仓促应战，经几小时激战，敌人不支退走，遗弃粮草、弹药、医品等军需物资不计其数。任廷才赶

紧派人通知师里，师里派两个运输营搬运缴获的军需品，整整用了两天才搬运完。

这次夜袭敌营的战斗，打得干净利索，给敌人以沉重打击，更加振奋了中国军队的士气。张自忠运筹帷幄、洞察战机，果断决策，充分显露了他卓越的指挥才能。

这次全国性冬季攻势，是抗日战争期间正面战场国民党军发动的唯一一次战略性进攻战役。据统计，冬季攻势共歼敌 9.2 万余人。其中第五战区歼敌 30 804 人，俘敌 36 名，是战绩最大的战区；而第五战区又以张自忠之右翼兵团战绩居首，歼敌 1 万余人。冈村宁次承认："受到敌军顽强、反复进攻的是第三师团的信阳、应山方面，第十三师团的襄河河畔及第六师团的崇阳和通城方面。"其所说的第十三师团，正是张自忠右翼团的打击目标。在后来召开的一次军事会议上，蒋介石说：冬季攻势以张自忠主持之襄东战场收获最为可贵，实为各战场之模范。

"八不打" 军规

张自忠将军自小就受儒家教育。因此，强调忠、孝、仁、义的旧道德从小便在他的内心深深扎下了根。

另一方面，西北军也是一支传统色彩极为浓厚的军队，从这样的军队里出身的张自忠，自然事事都以道德来要求自己。这就是为什么以治军严厉著称的张自忠，凡士兵如严重违纪，必打军棍，但却又主张"八不打"：

一、长官生气时，不许打

二、士兵劳碌太过时，不许打

三、对新兵，不许打

四、初次犯过者，不许打

五、有病者，不许打

六、天气过热过冷时，不许打

七、饱饭后及饥饿时，不许打

八、哀求落泪时，不许打

从他订下的"八不打"军规就可看出他的带兵除了严格以外还有仁义的成分在里面。对士兵发自心底的爱护，使得他得到了大家的爱戴与尊重。

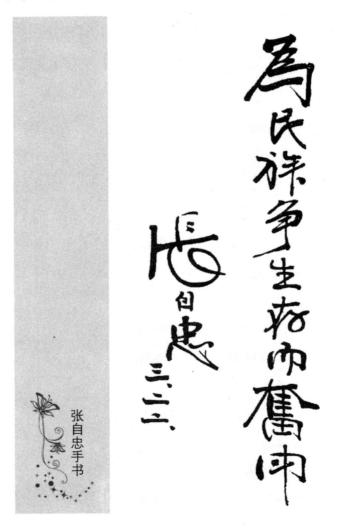

张自忠手书

为民族争生存而奋斗

张自忠

三、二、

忠孝难两全，泪湿襟衫

张自忠是个非常孝顺的人，在子女面前说得最多也是忠孝。他常讲的一句话是："要凭良心，凭我的良心，求得良心的安慰。"但是，因为从军多年，在外奔波无常，不能对母亲尽孝道，心中甚是愧疚。后来，他将母亲接到身边同住。但由于军务繁忙，有时他一边和母亲说话，一边偷偷看表。张自忠的女儿张廉云说："这个小小的举动被祖母看在眼里，她便以住不惯为由，要回山东老

1936年秋，张自忠和女儿、侄女在八大处。

家。临别时，火车缓缓开动，父亲躲在站台的柱子后边独自落泪。"

1928年2月，张自忠的母亲在山东病逝，家里人怕他悲痛过度，瞒着他。几个月后，张自忠从朋友那里得知了这一噩耗，立刻请求回家奔丧，却因战事紧张未被准假。过了几个月，时局稍稍平静，他又再次告假，谁知还是没被批准。张自忠再也忍不住，跑到冯玉祥面前痛哭："我在军队干了这么多年，没尽一天孝，现在母亲去世了，我若不到坟上去拜一拜，还算什么人？"一片孝心感动了冯玉祥，终于给了他7天假。张廉云清楚地记得，"那天，车刚开到围子（村庄四周的围墙）外，父亲就下了车，直奔祖母墓前，扑通一声跪下，头贴着坟头，号啕痛哭。"

张自忠对乡亲们也是很好的。已官至师长的他回乡见到乡亲们，不管亲疏、远近、贫富，都亲切地打招呼。家里有困难的，还多少都会给点钱接济。一次，他看见一个老汉正背着粪筐从粪坑里往上爬，因年龄大、粪筐满，爬着十分吃力。张自忠见状，急忙跳到坑里把他架了上来。

外号 "张扒皮"

　　仁义的张自忠竟然还有个外号"张扒皮"。张自忠曾经对手下的将领说："我有个外号，叫作张扒皮，可别给我来扒了你们的皮。"他亦曾说，要是我做了对不起国家的事情，也请你们来扒了我的皮。

　　当年，西北的将领大都有绰号，比如宋哲元叫"宋老哈"，吉鸿昌叫"吉大胆"，张之江叫"张圣经"等等。而张自忠的绰号却叫"张扒皮"，猛一听吓人一跳，其实他与"周扒皮"是两码事，不含丝毫的贬义。

　　1923年秋天，时任陆军检阅使兼第十一师师长的冯玉祥，率军驻扎在北京南苑。张自忠当时在学兵营当营长。部队开始冬季大练兵，适逢连日大雪，天寒地冻，许多官兵产生畏难情绪。张自忠以身试法，他竟自脱了棉衣。全营官兵都愣住了，然后也纷纷脱下棉衣，跟在张自忠身后，在雪地上跑步。从此，"张扒皮"的绰号就

不胫而走，在西北军中传开了。

"张扒皮"对违反了军纪的士兵，严格的程度还是无愧于这个称号的。记得一次行军中，夜宿某个小镇，有两个士兵拿了当地人的伞，不但没给钱，还打了人家，听到这个事情后，张自忠二话没说，亲手杀了两个士兵，军人神圣的天职就是遵从命令，两个不严格要求自己的人是不能冲锋陷阵的。

而且就在处置两个士兵的当天夜里，还发生了一件强奸民女的事件，这个人不是别人，而是与将军一同出生入死、能征善战的敢死队成员孙二胡，刚刚杀了两名自己的弟兄，张自忠的心已经在滴血了。这次，又要面对一个更大的难题。是啊，喜峰口战役、卢沟桥大捷，都有敢死队成员血战的功绩，杀了其中的一个，就等于在挖自己的心头肉。但是，军规如山，是不能动摇的，张自忠忍住悲痛，不顾弟兄们的求情，还是依法处决了孙二胡。那一刻，是兄弟情深和严格军纪的斗争，在触犯规定的时候，一视同仁。

张自忠戒烟

　　作为部队的统帅，管好别人的同时，对自己也有严格的要求。由于旧西北军积习较深，军中烟赌习以为常，就连张自忠本人也有烟癖。一次，李宗仁到荆门张自忠部防地检阅，严厉的指出了烟赌的弊病：大家面对国家的存亡把生死置之度外，关键时候生命都可以舍弃，难道严肃军纪比这个还难吗？

　　张自忠听后，惭愧万分，立即召集全军将士训话，晓以誓死保国大义，力陈烟赌恶习弊害，号召全军从总司令、军师长做起，禁绝烟赌恶习。随后他命副官拿来他的烟具，

张自忠1936年在天津

张自忠旧宅

当众捣毁，同时宣布，军中官兵如再不自动戒除烟赌，即依军法处置。

　　张自忠说到做到，自己首先戒了烟，以身作则，随后令宪兵执法队严厉检查各军、师官佐，一有违禁者，轻者撤掉职务，重者关他禁闭。在张自忠的严厉督导与以身作则影响下，张部官兵很快就将烟赌陋习戒掉了。这在当时的国民党军队中，可以说是一种罕见的情况。

爱兵如子

张自忠对自己对部下都严格要求，但是，他对士兵对百姓都充满着深深的爱。

张总司令爱兵如子。每当负伤士兵伤好归队时，他总要设"宴"款待，但他不是张鼎列宴，大摆宴席，而是每人一碗菜、一碗汤。在行军中，每逢阴雨天气，他

张自忠

张自忠塑像

不坐车、不骑马，同战士一起步行，为了减轻疲劳，亲自带领大家唱军歌、说笑话。士兵们看到总司令和自己一样吃苦，产生了无穷无尽的力量。张自忠也从不让辛苦劳累的士兵为自己打扫房间，认为他们的职责就是休息好，然后去打仗，保家卫国。

1939年秋初，训练处的新兵部分人患传染性眼结膜炎，有十几个人失明。张自忠知道后，把训练处负责人找来，当面狠狠地批评了一顿：国家把士兵交给部队，是保卫国家的，我们理应照顾好管理好军队，否则怎么能对得起士兵的家人和我们的国家呢。负责人深感惭愧，回去立刻采取急救措施，防范传染进一步扩散，并及时调治病人。病情得到了控制。正因为张将军爱民如子，所以他的部下能在抗战中无怨无悔的去流血牺牲。

为民解围修古渠

抗战时期，张自忠经常教育大家，要时刻有爱民意识。他领导的军队，在开饭前必须先唱《吃饭歌》，以培养军队爱民之情。

张自忠在公余之暇，喜欢和驻地附近的群众攀谈，借以了解人民群众的疾苦。有一次他从老河口司令长官部开会回来，途中小汽车出了点故障，在司机修理汽车的时候，他便坐在路边的石头上与一位老人攀谈。当他得知老人家的儿子应征当兵去了，家中生活很苦时，就让少校副官马孝堂给了她三十元钱。老人很感动。类似这样的事还很多。

尽管战事频繁，张自忠仍不时深入驻地农村，调查社情民意，关心百姓疾苦。在鄂北地区，以张自忠的名字命名的"荩忱渠"，就是因他提议修复的，以解决三十余万亩良田的灌溉问题。

张自忠

"莫忧渠"的前身就是距今两千多年前的"白起渠"，因为年代久远，曾一度兴废无常。后因完全失修，长渠两岸十年九灾，百姓深受其苦。农田因为缺水而不能插秧播种，关系重大。经过张自忠与各方的沟通和协谈，在他的大力支持下，水渠的修理工程于1939年秋末动工，还派兵承担搬运任务和挖掘任务。当地人民非常感激将军的举动，还编歌谣称颂："白起灌鄢后，长渠议修复，呼喊吁请空吼，年华似水流。张公军次宜城，访得民间要求，代陈当兴建，一语捅开天，军民齐欢讴。"

壮烈殉国

　　1940年，中国抗日战争已经进入了第四个年头。在中国军队的英勇抗击之下，日本企图速战速胜的美梦早已宣告破灭。

　　日军为解除威胁，确保武汉，决定在是年4月份发动宜枣战役，调集第三、第十三、第三十九师团，第六

张自忠致冯治安的绝笔信

和第四十师团各一部及第十八旅团，在第十一军司令官园部和一郎指挥下，采用机动奇袭、两翼包围、分进合击等战术，欲把中国军队主力围歼于枣阳附近，进而窥视西南。

促使日军发动该役的还有另外两个原因：一是因为希特勒闪击北欧一举成功，此举使日军深受刺激，也想在中国战场有一番作为。二是因为中国军队的冬季攻势予日军以沉重打击，对日军在华总部威胁极大。因此日军急欲实施报复作战。

日军大举西进，兵分三路，疯狂地攻击。在襄河东部的战场上，中国军队英勇顽强地抗击日军的主力。

张自忠奉命设防襄河西岸，派兵布阵后，于5月1日，写亲笔信，告谕第三十三集团军的各位将领，矢志尽忠报国。信中写道：

看最近情况，敌人或要再来碰一下钉子。只要敌来犯，兄即到河东与弟等共同牺牲。国家到了如此地步，除我等为其死，毫无其他办法。更相信只要我等能本此决心，我们的国家及我五千年历史之民族，决不致亡于区区之岛倭奴之手。为国家民族死之决心，海不枯，石不烂，决不半点改变，愿诸弟共勉之。

　　河东我军战线吃紧，张自忠急调正在河西整训的三十八师，渡过襄河，增援河东战场。此时，河东激战，十分剧烈。我军情况，万分严重，兵团部与作战部队失去了联络。

　　长官部电令张自忠："派有力部队，迅速过河，向敌后出击。"

　　张自忠接到命令后，将主力部队留置襄河西岸，坚守阵地。然后，给副总司令冯治安写封信，把诸事尽悉委托。信中写道：

　　　　因为战区全面战事之关系及本身之责任，均须过河与敌一拼，现已决定于今晚经襄河东岸进发。到河东后，如能与三十八师、一七九师取得联络，即率该两部与马师，不顾一切向北进之敌死拼。设若与一七九师、三十八师取不上联络，即带马之三个团，奔着我们最终之目标(死)迈进。无论做好做坏，一定良心得到安慰。以后公私均得请我弟负责。由现在起，以后或暂别或永离，不得而知。

　　5月7日拂晓前，张自忠带领手枪营和七十四师，从

宜城窑湾渡口渡过襄河，奔赴河东战场。这已是他第四次过河督战了。渡河后，张自忠陆续与各部取得联系。河东将士得知张总司令亲临前线，士气大振，战斗更加有力，几乎将日军后路完全切断。

8日，日军攻陷枣阳，我军主力转移，跳出敌人的包围圈，转入外线，并将日军的4个师团反包围在襄东平原，欲以围歼。

围歼战打至11日，张自忠率部冒雨向东追歼逃敌，被围攻的日军向东南方向逃遁。还没能与三十八师、一七九师联络上的张自忠接奉战区命令追击逃敌，昼夜奋战，屡挫敌军。但由于行军匆促，粮弹不足，官兵多以农田生蚕头充饥，部众疲惫不堪。张自忠本人也得了腹泻病。

15日拂晓，张自忠仅率2 000余人截击由襄阳沿汉水南下的日军，下令猛烈拦击行进之敌。向人数比他多一倍半的日军冲杀十余次。追到方家集，遇上了敌军的一个师团司令部，即指挥所部，拦腰攻击，将敌人截为两段。日军伤亡惨重，不明白这支中国军队何以这样能战，遂调集重兵5 000余人从南北两路迅速冲上来夹击方家集张自忠的部队，企图消灭这支劲敌，以绝后患。

这天，张自忠向蒋介石发电报告："职昨率七十四师、骑九师及总部特务营，亲与南窜之敌5 000余名血战竟日，创敌甚重。晚间，敌我相互夜袭，复激战终夜。今晨敌因败羞愤，并因我追击，不得南窜，并调集飞机30余架、炮20余门，向我更番轰击，以图泄愤，并夺路南窜。我各部经继续六七次之血战，牺牲均极重大，但士气仍颇旺盛，现仍在方家集附近激战中。"这是张自忠发出的最后一份电报。

在敌军夹攻之下，张自忠当夜退兵至宜城洪山山区罐子口，日军跟踪追至。

16日拂晓，敌人突然集中上万名士兵、30余门大炮、数十架飞机，向南瓜店及其两侧发起猛攻。张自忠所部虽英勇善战，击退敌人多次进攻，但终因敌众我寡，陷入重围之中。当天上午，敌人集中多数兵力，从东、南、西三面向张自忠的总部猛扑。苏联顾问提出撤退，手下的参谋建议他转移，避免与敌决战。张自忠火了，大声说："当兵的临阵退缩要杀头。当总司令遇到危险就可以逃跑？这合理吗？难道就我们的命是命，前方战士都是土坷垃？什么包围不包围，今天的事有我无敌，有敌无我，一定要血战到底！"鏖战午时，张自忠身边仅余不到千人，但官兵士气旺盛，视死如归，与敌人展开白刃战，附近山头得而复失四次。

此时，师长马贯一因弹药将尽，向张自忠告急。

张自忠立即命令参谋长转告马师长："现在到生死存

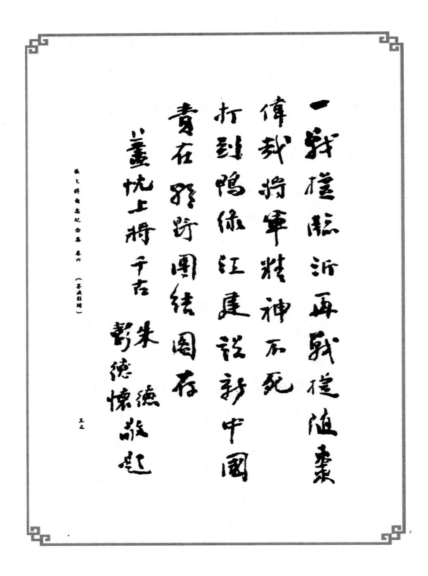

一战摄临沂再战徐州随枣

伟哉将军精神不死

打到鸭绿江建设新中国

责在群野团结图存

盖世忱上将 千古

朱德敬题

彭德怀敬题

亡之际，正是军人杀敌报国之时，子弹打光了，要用刺刀，刺刀断了用拳头打、牙齿咬。"

张自忠本人，则亲率特务营艰苦奋战。特务营多短枪，在敌军机枪大炮的进攻下，被动挨打，发挥不出攻击作用。

由于敌我兵力过于悬殊，张自忠被迫退入南瓜店十里长山。日军以飞机大炮将南瓜店轰成一片火海。这时西渡汉水或东撤大洪山，均可脱离险境。为保护总司令安全，部下多次劝他退走。张自忠厉声拒绝，说："我奉命截击，岂有自行退却之理？"

援兵仍未赶到，而日军的三面包围圈已经合拢，开始对张自忠发起猛攻。张自忠一直疾呼督战，直至午时，他左臂中弹，但仍坚持督战。张自忠身高一米八，高大魁梧，而且身着黄色军服，目标明显，日军从三个方向用交叉火力向他射击。下午2时，张自忠手下只剩数百官兵，他将自己的卫队悉数调去前方增援，"今日是我报国时矣。"他掏出笔向战区司令部写下最后近百字的报告，交给副官马孝堂时说："我力战而死，自问对国家对民族可告无愧，你们应当努力杀敌，不能辜负我的志向。杀敌报国！"

此时，日军发现，对方有个电台不停地在向四处发报，他们断定有中国军队的高级指挥官到了前线，于是

通过技术手段确定了电台的位置，迅速集中两个师团的兵力从三个方面进行包围。

刚刚由排长提升为连长的王金彪指挥本连剩下的几十个弟兄堵击来犯之敌。见总司令不肯撤退，便回身跑过来用脑袋顶住张自忠的胸脯，一边往后顶，一边噙着泪说："总司令，我们不怕死，请您先走一步，我们不打退当面敌人，死在这里也不走！"接着，他示意弟兄们将冲上来的一股日军消灭了。望着王金彪雄壮勇猛的身影，张自忠大吼："好样的，不愧是我张自忠的部下！"

此时，日军包围圈尚有东北角一个缺口，但谁都可以突围，唯张自忠不可以，他不能因为做逃兵而勾起公众丰富的联想。

战至下午3时许，天空下起了沥沥细雨。东山口守军大部战死，余部溃散。张自忠派出的手枪营士兵回撤至杏仁山脚下，做最后的抵抗。面对步步逼来的大批日军，这些跟随张自忠多年的忠诚士兵，表现出惊人的勇敢和顽强，他们将生死置之度外，用血肉之躯将绝对优势之敌阻于山脚下。

战至下午4时，部队伤亡殆尽，身边只余高级参谋张敬和副官马孝堂等几人。张自忠腰部被机枪子弹击中，卧倒在地，浴血奋战。日军步兵已冲至跟前，多处负伤的张敬举枪击毙数名日军，被蜂拥而上的日军用刺刀捅死。张自忠身中8创，仍高喊杀敌。1940年5月16日下午4时，一代抗日名将张自忠壮烈殉国，时年49岁。随张自忠东渡作战的2 000官兵亦全部战死。

在日军战史资料《二三一联队史》中，记录了张自忠将军生命的最后一刻：

第四分队的藤冈一等兵，是冲锋队伍中的一把尖刀，他端着刺刀向敌最高指挥官模样的大身材军官冲去，此人从血泊中猛然站起，眼睛死死盯住藤冈。当冲到距这个大身材军官不到三米的距离时，藤冈一等兵从他射来的目光中，感到有一种说不出的威严，竟不由自主地愣在原地。这时背后响起了枪声，第三中队长堂野军曹射出了一颗子弹，命中了这个军官的头部。他的脸上微微出现了难受的表情。与此同时，藤冈一等兵像是被枪声惊醒，也狠起心来，倾全身之力，举起刺刀，向高大的身躯深深扎去。在这一刺之下，这个高大的身躯再也支持不住，像山体倒塌似的，轰然倒地。

临终前，张自忠还声音微弱地对部属说："我力战而死，对国家、对民族，良心平安，大家要杀敌报国。"

南瓜店一带硝烟弥漫，杀气冲天，一代杰出的军事天才，令日军闻风丧胆的著名抗日将领，国民党第三十三集团军上将总司令张自忠将军，为了民族的独立、为了驱逐敌寇，壮烈地牺牲了。他是抗日战争有史以来为国捐躯的爱国将士中军衔最高的一级将领。

日军对张将军遗体表现出异乎寻常的尊重。

日军开始打扫战场。堂野和藤冈估计刚刚死去的这位军官一定是位将军，便翻动遗体搜身，堂野从其身旁的手提保险箱中翻出了"第一号伤员证章"，藤冈则从遗体的胸兜中掏出一枝派克金笔，一看，上面竟刻着"张

张自忠鲜血浸染的血石

自忠"三字！两人大为震惊，不禁倒退几步，立正，恭恭敬敬地向遗体行了军礼，然后小心翼翼地靠上前去，端详起仰卧在面前的这个血迹斑斑的汉子来。接着他们把情况报告了上司二三一联队长横山武彦大佐，横山下

令将遗体用担架抬往战场以北20余里的陈家集日军第三十九师团司令部，请与张自忠相识的师团参谋长专田盛寿亲自核验。

专田盛寿七七事变前担任中国驻屯军高级参谋，与时任天津市市长的张自忠见过面；七七事变时又作为日方谈判代表之一，多次与张自忠会晤于谈判桌前。至时天色已黑，专田盛寿手举蜡烛，目不转睛地久久注视着张自忠的面颊，突然说道："没有错，确实是张君！"师团长村上启作命令军医用酒精把遗体仔细擦洗干净，用绷带裹好，并命人从附近的魏华山木匠铺赶制一口棺材，将遗体庄重收殓入棺，葬于陈家祠堂后面的土坡上。

当日军像护送自己将军的尸体一样护送张自忠的遗体离开战场，从一个市镇通过，百姓们得知那具蒙着白布的尸体就是张自忠时，不约而同地拥到街道上，跪倒失声痛哭。对此，日军没有进行干预，只是肃穆前行。

一个殊死抗日并血洒沙场的中国将军，却得到了他的死敌日军的尊重，这表明了张自忠人格的力量的伟大。在崇高人格的感召下，跨越敌我界限而在"人"的境界上获得普遍认同。

光照日月

　　5月16日下午，张自忠战死沙场，当天深夜，奉命驰援的国军第三十八师赶到南瓜店。师长黄维纲得此噩耗，悲痛万分。蒋介石惊闻张自忠殉国，立即下令第五战区不惜任何代价夺回张自忠遗骸。继任第五十九军军长的黄维纲率部再渡襄河，与敌激战两昼夜，付出了200多人的伤亡，终于在陈家集寻得英烈坟墓，开棺将忠骸起出抢回。

　　5月18日上午，将军的遗骸在第三十三集团军将士的痛哭声中运抵快活铺，冯治安和两名苏联顾问含泪察看了张自忠的伤势，发现全身共伤8处：除右肩、右腿的炮弹伤和腹部的刺刀伤外，左臂、左肋骨、右胸、右腹、右额各中一弹，颅脑塌陷变形，面目难以辨认，唯右腮的那颗黑痣仍清晰可见。冯治安命前方医疗队将遗体重新擦洗，作药物处理，给张自忠着马裤、军服，佩上将领章，穿高筒马靴，殓入楠木棺材。

当张自忠阵亡的确切消息传到重庆，蒋介石大为震惊，也极为气恨——这仗是怎么打的？何以副总司令、军长、师长等均未阵亡，集团军总司令却战死了，而且死得如此惨烈？当然，蒋介石后来明白了，张自忠的战死，正如他自己生前所言："当粉身碎骨，以事实取直天下！"蒋介石在为张自忠发出的悼电里还特意就他在七七事变前后的这段历史感言：

　　　荩忱之勇敢善战，举世皆知。其智深勇沉，

张自忠墓

张自忠将军曾获得一枚宝鼎勋章

则犹有世人未及者。自喜峰口战事之后，卢沟桥战事之前，敌人密布平津之间，乘间抵隙。多方以谋我，其时应敌之难，盖有千百于今日之抗战者。荩忱前主察政，后长津市，皆以身当樽俎折冲之交，忍痛含诟，与敌周旋。众谤群疑，无所摇夺，而未尝以一语自明。惟中正独知其苦衷与枉曲，乃特加爱护矜全，而无为全国人士所不谅也……夫见危授命，烈士之行，古今犹多有之。至于当艰难之会，内断诸心，苟利国家，曾不以当世之是非毁誉乱其虑，此古大臣谋国之用心，固非寻常之人所及知，亦非寻常之人所能任也。

5月18日，冯治安、李文田联名致电冯玉祥先生，报告了张自忠殉国经过。冯先生说："我读了这个电报真如晴天霹雳，震我肺腑，我不仅哀痛这位二十五年来同甘苦共患难的老兄弟的死亡，更痛惜在此抗战的重要阶段上牺牲了一员大有作为的猛将，这真是全民族的重大损失！""九个月前，他向我说的坚决杀敌的话语，不料竟成了遗言；九个月前，雄健勇武的身躯，不料而今闭于一棺，不能重睹了！真是如断我臂，痛彻心胸！"各地军政当局及各界群众纷纷举行隆重的悼念活动，军政要员、社会名流纷纷赋诗题词，以志哀思。沦陷区人民也以各种方式悼念这位抗日名将。

1940年11月16日，国民政府在重庆北碚雨台山为张自忠举行"权厝下葬仪式"（即暂时浅葬，以待抗战结束后移灵南京国葬），在蒋介石、冯玉祥等军政官员及将军亲属注视下，第三十三集团军将领冯治安、黄维纲、刘振三挥土封棺，蒋介石亲题"英烈千秋"及冯玉祥手书"张上将自忠之墓"刻石碑立于墓前，冯玉祥并题"荩忧不死"四个大字。

冯玉祥题字

李宗仁题字

1941年5月，国民政府在南瓜店将军殉难处的山头建"张上将自忠殉国处"纪念碑，并在山下修建十里长山阵亡官兵公墓。1945年，为纪念张自忠将军，湖北宜城县改为"自忠县"（1949年5月恢复宜城县建制）。

1942年，冯玉祥仿效明史可法墓葬扬州梅花岭之意，将雨台山改名为梅花山，并用薪金购梅花树植于将军墓侧。

张自忠将军殉国后，第三十三集团军官兵在士兵手册上写下这样一句话：是谁杀死了总司令？此仇不报不是人！5月21日凌晨，日军第三十九师团在偷渡白河时遭西岸第三十三集团军猛烈伏击，击毙联队长神崎哲次郎等300余名日军。

张自忠将军殉国后，第五战区司令长官李宗仁悲痛之余，仰天长叹：如果何基沣（国军第一七九师师长）在，不会有襄河之败，张自忠不会阵亡。何基沣闻言如刀刺心，决心在战场上找到杀害张自忠的日酋，血祭兄长在天之灵。1943年3月18日，何基沣在湖北当阳设伏，击毙了率部主攻张自忠将军指挥部的日军原二三一联队长、时任第十八旅团少将副旅团长的横山武彦。

中国共产党对张自忠的牺牲也深为震惊！然而，由于路途遥远，交通阻隔，延安军民直到8月6日才获悉张自忠殉国的消息。当天《新中华报》就发表了《悼张自

张自忠亭

忠将军》的社论，称赞张自忠"抗战之功极大，今并以身殉国，将其最后一滴血献给了抗战，既成功又成仁，的确配称为炎黄的优秀子孙，模范的民族革命军人，流芳百世的民族英雄"。

8月15日下午，延安各界代表1 000余人齐聚中央大礼堂，为张自忠举行隆重的追悼大会。主席台正中悬挂着巨幅张自忠遗像。中共领导人毛泽东、朱德、周恩来分别题写了"尽忠报国""取义成仁""为国捐躯"的挽词。追悼会结束后，中共中央专门给张自忠家人发了唁电。

1943年5月16日，在纪念张自忠将军殉国三周年时，

周恩来撰写了《追念张荩忱上将》一文，以精湛翔实、真诚感人，激励时人和后人。

新中国成立后，人民并没有忘记这位血洒疆场的抗日英雄。党中央拨出专款对张自忠在四川、湖北的衣冠冢重新修缮，并在北京、天津、汉口、上海等大城市设立了张自忠路。1982年4月16日，为缅怀英烈、表彰张自忠的抗日业绩，国务院民政部特意追认张自忠为"革命烈士"，颁发证书给他的后人。

张将军夫人李敏慧得知张自忠壮烈捐躯的噩耗后，平静地说："自忠为国家战死疆场，我不难过。我虽是一个妇女，也应当有份。"不久，张夫人病逝。时年6岁的将军之子张卫国，由将军委托给二十九军总参议萧振瀛中将抚养，后辗转由周恩来送往苏联，与毛泽东的两个儿子、朱德女儿及刘少奇子女、张闻天之子等同窗学习，19岁时回国，现已离休。将军之女张廉云于1946年加入中国共产党，曾任北京市政协副主席。

1952年，毛泽东亲

李敏慧

张自忠将军雕像

自为三位抗日英烈签发了烈士证书。正式以佟麟阁、赵登禹、张自忠三位英烈的姓名命名街道。时至今日，张自忠路已经成为北京市的一处景观。

1991年纪念张自忠将军100周年诞辰暨殉国51周年，湖北省宜城市以张自忠将军生平事迹陈列为主，建立了

张自忠纪念馆。该馆是湖北省政府核定公布的省级纪念馆。

2005年5月16日是一代抗日爱国名将、民族英雄张自忠将军殉国65周年的祭日。当天上午，在张自忠的墓地———重庆市北碚区梅花山的张自忠烈士陵园，一位满头银发的老人向墓碑敬献了花圈。她就是张自忠将军三个子女中唯一还健在的女儿，82岁的张廉云老人。

2010年5月16日是一代抗日爱国名将、民族英雄张自忠将军殉国70周年的祭日，在位于北碚区梅花山的张自忠烈士陵园，各界人士隆重举行张自忠将军殉国70周年纪念大会。

大会上，民革中央副主席修福金为张自忠铜像揭幕。张自忠将军的女儿张廉云以及两名老部下——年过九旬的老兵张可宗和曹廷明在亲人的搀扶下，也带着花圈前来祭奠。

斯人远逝，音容宛在；回首当年，直令人感慨万千！

张自忠将军誓死保国的精神永垂不朽！